線を越える韓国人 線を引く日本人

ハン・ミン＝著
アンフィニジャパン・プロジェクト＝訳

飛鳥新社

プロローグ

ゴールデンクロスはすでにはじまっている

世界の中での韓国の位置が変わってきています。もともと世界10位以内の経済力と軍事力を有しており、オリンピック、ワールドカップなどのスポーツでもなかなかの成績を残していましたが、あまりぱっとしなかった文化の分野でも世界的な影響力を持つようになりました。2000年代半ばから、いつかこんな風になると信じていたのですが、突然その日が来るとは予想できませんでした。

ビルボード1位（BTS）、アカデミー賞受賞（『パラサイト 半地下の家族』『ミナリ』）、ネットフリックス1位（『イカゲーム』『地獄が呼んでいる』）など、いま目につくものだけではありません。韓流のおかげで韓国語を学ぼうとする外国人が急増しており、韓国ドラマや映画を理解するために韓国の歴史と文化を学ぶ人も増えています。ひとり、ふたりのスターからコンテンツへ、コンテンツから文化へと続く第三次韓流のはじまりだと言えます。

まさに桑田《そうでん》変じて滄海《そうかい》となるありさまです。韓国がいまのように発展した姿しか知らない最近の若い人には実感がわかないかもしれませんが、わたしが育った子供時代、韓国の文化的力量はそれこそ嘲笑《ちょうしょう》の対象でしかありませんでした。誰も彼もが「わたしは韓国の映画なんて観ない、おれは韓国の歌なんか聞かない」というようなせりふで自分の高尚さをひけらかしていた時代でした。

わたしたちがとりわけ劣等感を感じていた国は日本でした。超強大国であるアメリカや、現代文明の基礎を築いたヨーロッパも羨望《せんぼう》の的でしたが、かつて（三国時代）わたしたちが文明を伝えた国だったという認識のためでしょうか、恥ずかしいことにその国の植民地支配を受けた記憶の故でしょうか。韓国人はとりわけ日本よりも遅れているという事実を苦々しく思っていたようです。「じゃんけんでも日本に負けるわけにはいかない」というような言葉があったのですから。

しかし植民地の時代から戦争を経て現代国家の形を築きはじめた韓国にとって、日本はそれこそ絶対に乗り越えることのできない四次元の壁でした。まばゆいばかりに輝いている街並み、洗練された華麗なファッション、最先端の電子製品とともに、子供たちの目を釘付けにしたのはアニメーション、漫画、ゲームなどでした。日本はすべての面で韓国のはるか先を行く国でした。

あれやこれやとあがいてみても、韓国人は長い間どうすることもできない現実の壁を感じていました。一部のおとなたちが自嘲《じちょう》を込めてつぶやく「どうせ韓国は日本の後をついていくしかないんだ」という言葉を寂しく聞くしかなかったのです。ごく最近のある時点までも、日本に勝つなど想像することすらできませんでした。2019年、日本が韓国に対して突然、輸出規制をとった事件は、日本に対する劣等感と恐怖を極大化させました。

韓国が本格的に日本に対して自信を持つようになったのは、この貿易制裁をこれといった打撃を受けることなく乗り越えたときからだったはずです。韓国政府と企業は全力で対抗策を模索し、国民は日本製品不買運動などで対抗しました。日本に対して勝てるはずはないからあきらめろと言う人も、不買運動なんかすぐにだめになるに決まっていると嘲笑する人もいましたが、日本が野心満々(?)の態勢で臨んだ貿易制裁の成果は、驚くほど微微たるものでした。

そして2020年から全世界を襲ったコロナ・パンデミックもまた、日本を見直すきっかけになりました。韓国が、ドライブスルー検査、感染確定者の動線公開、マスク五部制の実行など、素速い対処でK-防疫というブランドを作り出していたのに対し、日本は新型コロナウイルスの第一波~二波に何としても感染確定者の数を少なく見せようとごまかしに終始したいわゆる「クルーズ船事件」からはじまり、郵便とファックスに頼る支援金行政、感染確定者に対する差別といじめ、「検査をしなければ感染確定者は出てこない」という政府や当局の態度など、危機への対処の模範と言われてきた過去の日本の姿はどこにもありませんでした。

それでもまだ、韓国が日本を追い越したとは言えません。誰が何と言おうと日本は世界第3位の経済大国であり、ゲーム、アニメーションなどの文化的な影響力もかなりのものです。しかし長い間「越えることのできない四次元の壁」であった日本は、もう存在しません。たくさんの分野で韓国は日本と肩を並べており、日本を追い越した分野もあります。

どうしてこんなことが可能になったのでしょうか？　韓国人が日本人よりも優れているから？　優秀な遺伝子のせい？　そういう短絡的な考え方は非常に危険です。そして、まったく事実とは異なります。もしそうなら、韓国が日本の植民地になることなどなかったはずです。世界史で、ある国が前を進み、別の国が遅れをとるというのはごく普通のことです。ひとつの民族がずっと繁栄し続けるのなら、現在世界を支配しているのはエジプトであるはずです。現代社会に生きる知識人であるなら、その理由を遺伝子に類する生まれついての資質のようなものに求めてはいけません。

こたえは文化にあります。日本が世界の情勢に素早く対応し、アジアで最初の先進国になり、全世界に長い間影響力を及ぼしてきた事実や、韓国が国権を奪われ、同族相争う戦争の悲劇と分断を経験し、経済的に、文化的に長い間日本をはじめとした先進国に後れをとってきた事実もまた、ふたつの国の文化にそのこたえを見つけることができます。日本が失われた数十年を経て、さまざまな面で停滞した面を見せているわけも、韓国が同じ期間、政治、経済、軍事、文化にいたるまで躍進した理由もまた文化にあります。

日本の貿易制裁がはじまってから、各方面で日本を理解しようとする試みがありました。専門家による本もたくさん出版され、日本についてちょっと知っているというユーチューバーもそれなりに再生回数を稼ぎました。「彼らはどうしてそんなことをするのだろうか？」日本と日本人についての疑問は韓国人にとって生涯にわたる宿題のようなものです。実際、『「縮み」志向の日本人』（李御寧《イオリョン》）にはじまり、『悲しい日本人』（田麗玉《チョンヨオク》）、何人もいない文化心理学の先人である金珽運《キムチョンウン》先輩の『日本熱狂（未訳）』など、日本を理解するための本は多数出版されてきました。

しかし、韓国と韓国人を理解しようとする努力はそれに比して貧弱だったようです。まったくなかったわけではありませんが、それほど注目されることがなかったり、「客観性のない自己中心的な解釈」と受け取られる場合がほとんどでした。そのためわたしは韓国と日本を、韓国文化と日本文化を比較しようと考えました。もちろん韓国の長所と日本の短所を比較するというような幼稚な試みではありません。

人には、文化とは関係なく、普遍的な欲求があります。食べて、寝て、愛し、人より優位に立ちたがり、力のある人間になりたいという欲求です。しかしそのような欲求を充足させる方法は、同じではありません。わたしが比較しようと考えているのは、人間の普遍的欲求に対する韓国と日本というふたつの国の対処方法です。

その面で、韓国人と日本人には大きな差異があります。これまで日本が前を行き韓国が後れをとった理由も、日本が足踏みしているときに韓国が飛び出してきて肩を並べるようになった理由もここにあります。また、これから先日本が再び前を進み、韓国が下り坂になったとすれば、その理由もここに求めることができます。

この本は、多様な文化心理学の理論と、それなりに学術的に熟成された見解をもとに書かれています。わたしの見解が気に入らないということもあるかもしれませんが、根拠がないとか、想像だけをもとに主張しているわけではないという事実は知っておいてください。考えが異なる方の反論や討論はいつでも歓迎です。

しかし、自分の見解のない学者がいつもそうするように、客観性の後ろに隠れて、酒に酒を加え、水に水を加えるような、どうでもいい議論で読者の時間を奪ったりはしません。それだけは確実です。わたしの前作『スーパーマンはなぜアメリカに行ったのか』（未訳）でも述べましたが、みなさんにはたくさん勉強した人が自信を持って書いた本を読む資格があります。

わたしはこの本を、まずはわたしと同じような人のために書きました。『マジンガーＺ』が韓国のアニメでないことを知ってショックを受け、『スラムダンク』を読み、ソニーの製品で音楽を聞きながら、日本に対する羨望と劣等感を同時に抱えた成長期を過ごした人々です。おそらくわたしと同年代（？）であるだろうその人々が、いま堂々と世界を見ていくようになる助けになれば、と思っています。

また、韓国が後れをとっていた時代をよく知らない青年の方々にも、この本を読んでもらいたいと思っています。どの国にも、興亡盛衰はあります。繁栄するときがあれば、衰退するときもあるものです。現在、目の前にあるいくつかのお国自慢に満足するのではなく、いつかやってくるはずの危機に備え、それを克服する慧眼《けいがん》を持つようになってほしいと思います。もちろんわたしの本一冊でそうなることは難しいでしょうが、世の中に対する俯瞰的な視点を持つべきだと考える契機には充分なりうるはずです。

では、では。

絶滅危惧種の土着文化心理学者が展開する、韓国人と日本人の物語の沼へハマっていきましょう。

目次

第4章　韓国人と日本人の深層心理　251

イラストレーション
谷端 実

ブックデザイン
鈴木成一デザイン室

第1章
韓国文化と日本文化、こんなにも異なります

第1章では韓国と日本の文化的現象を扱います。韓国と日本は非常に異なった国です。文化の方向性が異なる、とでも言いましょうか？　もちろん似ている点もたくさんありますが、異なる部分もまた顕著です。ここではふたつの国の文化的差異とともに、そのような差異が生じた理由についても考えていきます。

文化的な差異が生じる理由は簡単です。人は普遍的な欲求を持っていますが、その欲求を充足させるやり方が文化によって異なるからです。簡単に言えばこういうことです。人々はみな衣服を着用しますが、衣服の材料や形態、機能は人々が生活している地域、美意識、習慣によって異なってくる、ということです。

韓国人と日本人についても同様です。同じホモサピエンスであり、儒教集団主義文化圏の一員であるなど類似している点も多いため、生活しながらなさねばならないことや望むことなどは似たものになりうるでしょう。しかし、それを充足させるやり方まで同じだとは言えません。韓国と日本の人々は、同じような欲求を充足させるために、どのような方法をとっているのでしょうか？

モクパンの国、韓国 vs AVの国、日本

ＡＶ(adult video)とモクパン(「モクタ」=「食べる」+「パンソン」=「放送」の頭文字を取った略語。食べ物動画)は日本と韓国を代表する(?)文化コンテンツです。そしてその共通点はポルノ……という点です。日本でＡＶと呼ばれているポルノ(porn)は、１９８０年代にビデオの成人映画が登場しはじめて以来、日本の代表的な性産業のひとつとなりました。

モクパンは、アフリカＴＶ、ユーチューブなどの一人メディアの登場以後あらわれはじめた韓国の代表的な文化現象です。主としてＢＪ(ブロードキャスティング ジョッキーの略。韓国

美人すぎる大食いYouTuberとして超人気のBokiさん。
チャンネル登録者数が864万人を突破している。

の動画配信サイトで活躍している配信者）やユーチューバーが何かを食べる姿を撮った動画です。たくさん食べるとか、とても珍しいものを食べるとか、実に美味しそうに食べる姿で視聴者を惹きつけます。モクパンは外国ではｆｏｏｄ ｐｏｒｎと呼ばれています。セックスであれ食事であれ、人間の原初的な行為を見せるという点で、ポルノという表現は適切だと思います。

セックスと食事、人間のもっとも原初的な欲求であるこのふたつの行為が、なぜふたつの国を代表するコンテンツとなったのでしょうか？　まずＡＶ、いや日本の場合から見ていくことにしましょう。

日本を指す言葉の中に「性進国」というものがあります。性の先進国だという意味です。実際日本の性文化は、その繊細さと赤裸々なありさまによって世界的な名声を得ています。風俗産業として知られている日本の性文化は、それを代表するＡＶだけでなく、ソープランド、イメクラ、テレクラ、のぞき部屋など、さまざまな性的ファンタジーを活用する業種はもちろん、ありとあらゆるフェティッシュを満足させうる品物、アニメーション、ゲームにいたるまで、想像しうるすべての分野に広がっています。

日本で性産業がこれほど発達しているのは、まず彼らの文化に起因します。過去の日本には、男女が同じ場所で沐浴《もくよく》する混浴にはじまり、親族内の結婚である近親婚（もちろん許容範囲は決められています）、村の青年が娘の部屋に忍び込んで性関係を結ぶ夜這《よば》い、客に対して妻を提供する風習など、韓国人であるわたしたちの目には理解しがたい文化がたくさんありました。これらの性文化は、海と高い山によって孤立した地域が多いという地理的特性と、うちつづく戦乱によって男女の性比均衡の維持が困難だったという歴史的条件、性を報償とみなすことの多かった男性的な文化などの影響を受けたと推測されます。これらの文化は19世紀末の明治維新にいたって法的に禁止されましたが、実質的に消えるまでには長い時間がかかり、現在も日本人の性意識の基盤をなしていると思われます。

このように性産業は活性化しているのですが、これが日本人の実際の性生活につながってはいないように思われます。２０１８年にセクシュアル・ヘルスケア企業であるテンガ（ＴＥＮＧＡ）が実施した調査によれば、性関係および自慰の満足度・頻度、性的能力、パートナーとの共感などを総合評価した性生活満足度指標（The Good Sex Index）で日本は37・9点と調査対象の18ヵ国中最下位でした。ちなみに調査国の平均点数は62・3点でした。

一方この調査で韓国は40・7点、日本のひとつ上の17位でした。韓国の順位についてもいつか一度考えてみるべきテーマですが、性進国である日本の順位が最下位だという事実は多少意外に思われます。

日本で数年前から流行している草食男子という言葉から、その理由を類推することができるようです。草食男子とは、男らしさを強調することなく、自分の趣味活動には積極的だが異性との恋愛には消極的な男性を指す言葉です。

この用語をはじめて使用した日本のコラムニスト・深澤真紀は、草食男子が登場した背景として、物質的に豊かな時代に生まれ熾烈な生存闘争に臨む必要がなかった点、そしていわゆる「奪われた10年」の間に成長して未来に大きな期待を持つことなく自分の中で満足するのに集中するようになった点をあげています。

日本人の低い性生活満足度は、このような草食男子の増加にともなって、異性との交際や性関係への関心が小さくなった結果だと考えられそうです。そうであれば、AVなど依然として活発な日本の性産業についてはどのように理解すべきなのでしょうか？

すでに産業化されている性産業の経済的な側面もあるのでしょうが、その背景には日本人の根本的な欲求があると推測されます。文化的な欲求よりもさらに根本的な交流の欲求、社会的な欲求です。人間は社会的な動物です。進化生物学者のロビン・ダンバーは、霊長類の社会的本能が生存可能性を増加させたと述べています。人間は生き残るために群れを作り、さらに豊かに生きるために他の人々と交流してきました。

他人との持続的な相互作用は、精神だけでなく身体の健康にも直接影響を及ぼします。家族をはじめ、友人、隣人とうまくつき合っている人は、そうでない人よりもはるかに健康で幸福です。これはおびただしい研究が支持している事実です。スマートフォン、インターネット、ゲーム、各種マルチメディアの発達により、一人でも充分に生活を維持し、さらには楽しく生きることができる時代になりましたが、それでも人間に内在している社会的欲求はいまだ消えてはいません。

日本では他の人と会い、彼らと交流したいという欲求が性によって表現されているようです。日本人にとってもっとも文化的に普遍化されたやり方だという意味です。特徴的な例がのぞきです。日本人は内部と外部、自分と他人、内集団と外集団を明確に区分することを好みます。また、自分の領域を確実に守ると同時に、他人の領域を侵害することを極度に嫌います。そこから安定感が生まれるのです。

したがって日本人は他人の領域で起こることを見たいという欲求を持つようになります。そうではないですか？　人は禁止されたことを望む存在だからです。日本にどっきりカメラのようなＴＶ番組が多い点、カメラの技術が発達した点も、同じ理由に起因した現象だと考えられます。他人の境界の内部をのぞき見するという快感です。

性は人間のもっとも隠密な行為です。愛を交歓するとき男女は奥まった暗い場所、壁に囲まれた場所に向かいます。その壁を越えてもっとも隠密な行為を見ることができるのですから、その快感はさらに大きくなります。また性行為はふたりの人間が互いを区分するすべてを脱ぎ捨てて臨む最高水準の社会的交流です。肉体と肉体が触れ合うという程度ではなく、互いが互いの中に入り込み、内部を耽溺するのですから。

このふたつの欲求（交流＋のぞき）を充足させてくれるのがＡＶ、つまりポルノなのです。AVには、他人と自分の間にある壁を壊し、人と人の間のあたたかさを分かち合いたいという日本人の欲望が反映されています。

では、韓国人はどうでしょうか？　日本と同じような社会的な現象が韓国でもあらわれています。韓国の性生活満足度は日本より一ランク上の17位です。草食男子と同じように結婚をしないでひとり暮らしを楽しむ人々がだんだんと増えてきています。週末に放送される『私はひとりで暮らす』が最高視聴率を誇っているのには理由があるのです。

経済的問題のような現実的困難のために結婚を避け、小確幸《しょうかっこう》などの個人的な楽しみに集中するというのは、個人主義の文化の台頭と同時にはじまった文化普遍的な現象です。そして社会的な関係から疎外されればされるほど、そのような関係を渇望するのも文化普遍的なことです。しかしその欲求を充足する方法は文化によって違った形で現出します。

韓国の場合は食事です。韓国人にとって食事は、社会的関係を媒介する重要な象徴です。久しぶりに会った友人との交流が「飯を一緒に食おう」からはじまるという点以外にも、韓国文化において食事の意味を感じさせるコンテンツはたくさんあります。

韓国人は異性を口説くときも「一緒に食事でもしませんか」と誘い、誰かに感謝するときは「今度食事を奢《おご》るから」と言い、友人が病気のときも「ちゃんと飯を食え」と助言します。食事を通して韓国人は相手に対する関心と愛を表現し、またそれを感じます。

このように食事は韓国文化の中で非常に重要な役割を果たしてきました。韓国人にとって一緒に食事をするという行為は、自分たちが家族であることを確認すると同時に、互いを慰め赦《ゆる》しあう儀式なのです。

ところが最近いろいろと社会が変化していき、誰かと顔を合わせて食事するという時間そのものが減ってきました。生活の周期も変化し、ひとりで暮らすというパターンが普遍化しています。しかしそうだからといって、一緒に食事をしながら充足してきた欲求まで消えたと考えることはできません。

モクパンがその証拠です。誰がたくさん食べ、誰が珍しいものを食べたかというのは、モクパンの本質ではありません。韓国人は、自分と向かい合って食事をする人が必要なのです。夜遅く退社し、疲れた身でたどりついた家、自分を迎えてくれる人もいない家で遅い食事をしながら、いつのまにかコンピュータをつけてモクパンを検索しているというわけです。

ＴＶに、料理をして食べる番組が多いのも同じ理由からです。いったいなぜ、タレントたちが遊び回り、食事をする場面を見なければならないのですか？ 彼らと一緒に食事をしていると感じるためです。ひとりで食べるのは寂しいから。ひとり飯、ひとり酒はもう珍しいものではなくなり、ひとり暮らしも新しい生活スタイルとして受け入れられつつありますが、対人関係についての欲求はそれほど簡単に消えたりはしません。モクパンは、関係についての欲求がもっとも韓国的な形で表面化した文化現象なのです。

その具体的な流れもまた、かなり韓国的です。ＡＶが一方的に性行為の場面を見せるのに対し、モッパンは視聴者との双方向の意思疎通がその特徴となります。視聴者がチャットやコメントでモッパンに反応し、ＢＪやユーチューバーが視聴者の要求を反映する、というやり方です。モッパンの最中にリアルタイムでのコメントが流れるというのもよく見られる風景です。

絶え間なく互いに影響を及ぼし、フィードバックを繰り返しながらともに何かを作り出す。これが、韓国人の好む社会的交流のやり方です。それぞれの領域に線を引き、その中に何かが侵入してくることを嫌う日本人とは異なるやり方なのです。

強いおねえさんたちの国、韓国 vs かわいい少女たちの国、日本

世界の文化をさまざまな基準で分類したオランダの学者ヘールト・ホフステードは、日本は非常に男性的な社会であると指摘しています。それに対し韓国は女性的な社会であると分類しています。意外だと思う方もおられると思います。

ホフステードの男性性―女性性の区分は、わたしたちが普通に考えている意味とは違い、意思疎通の方法に近い考え方です。ある主張や意見が比較的一方的に伝達されるのを男性的、代案などを考慮し互いに意見を交わすというやり方を女性的であると規定しています。

ホフステードはその他の要因を分析し、男性的な文化は男女の性の役割が明確に区分される社会、つまり男性は自己主張が強く、頑強で物質的な成功を追求する反面、女性は比較的従順であり、柔和で、生の質に重点を置く社会だと定義しています。女性的文化は、社会的に男女の役割が重なり合う社会、つまり男性も女性も謙虚で柔和であり、生の質に重点を置く社会だと見ているわけです。

この基準によれば、日本は調査に参加した50ヵ国のうち男性性1位であり、韓国は41位

（順位が低いほど女性性が高い）に該当します。一部の韓国人が考えているのとは多少異なる結果です。実際、韓国は儒教家父長社会と規定される場合が多いのですが、母系社会の特徴を多く有しています。少なくとも女性の家系がかなりの影響力を持っていた社会であることは間違いありません。朝鮮の王たちが外戚をあれほど警戒していた理由もそこにあります。

朝鮮王朝の前期（壬辰《じんしん》・丁酉倭乱《ていゆうわらん》＊―文禄・慶長の役―以前）だけを見ても、女性の社会的地位は相当高かったと言えます。結婚前の姓（父親の姓）をそのまま使い続けるのはもちろん、祭祀にも男性とともに参加し、相続も息子、娘の区別はありませんでした。高麗時代の女性の社会的活動もかなり高い水準であったと伝えられています。

このような女性の地位が低下したのは、丙子胡乱《へいしこらん》（１６３６年の清の侵略）以後、社会が急速に保守化して以後のことでした。舅、姑に仕える嫁暮らし、七去《しちきょ》＊＊などに代表される女性の恨《ハン》が韓国の歴史にあらわれたのはそれほど古いことではありませんでした。

そのためなのでしょうか。現代にいたり、韓国の女権ははやい速度で伸張しはじめました。日本による植民地時代、大韓民国臨時政府はすでに「大韓民国の人民は、男女貴賤および階級のない一切平等である」と公表しており、これは１９４８年に制定された憲法の精神にも受け継がれ、女性の参政権が公式化されました。わずか数十年前まで儒教家父長制国家であったことを考えれば、そして西洋の一部の国で女性の投票権が認められたのが1970年代であったことを考えれば、非常にはやかったと言えます。

もちろん200年近く続いた男女差別的文化まである日突然変化したわけではありませんが、韓国人はその後も問題を改善するため努力し続けました。韓国の女性は独立運動に、経済復興に、教育に、社会に寄与し、性差別の認識を打破し、おのれの場を求め続けてきました。

現在、過去のどの時代と比較しても男女の葛藤が大きいように見えますが、一度は通らなければならない過程だとわたしは考えています。均衡にいたる過程だということです。男女が互いに反目し、お互いを滅ぼさなければならない敵であると規定するのではなく、一緒に生きていく共存の主体であるという事実だけをおさえておけばいいのです。

いずれにせよ、どの分野でもずっとそうであったように、韓国は表面的にはあっちにぶつかりこっちにぶつかりという大騒動を起こしているように見えますが、俯瞰的な観点から見ていけば、一歩一歩前進していっているのです。

では、日本はどうでしょうか？　日本の性役割に対する認識はいまだに非常に伝統的

＊　豊臣秀吉が1592年-1598年に2度にわたって企てた朝鮮侵略に対する朝鮮での呼称。
＊＊　儒教で、夫が妻を一方的に離別できる七つの理由。義父母に従わない、子供ができない、淫乱、嫉妬、悪疾、他言、窃盗の七つ。

です。

最近韓国では「ストリートウーマンファイター」という番組が爆発的な人気を博しています。ステージで堂々と踊る強い女たちの活躍に多くの視聴者が熱狂しています。それまで大きく注目されることのなかったダンサーたちの力量と底力、そしてダンサー（振り付け師）という職業、ダンスに対する熱情と哲学は視聴者に深い感銘を与えました。

日本人はこのような韓国の女性たちを「怖い」と考える傾向があります。スーパーダンサーだけでなく、K－POPの歌手に対してもそのように考えているようです。日本の女性は非常になよやかでしとやかな姿を見せているからです。

このような日本の女性性をもっともよく表現しているのが、J－POP、アニメーション、ゲームなど日本の文化コンテンツに登場する「少女たち」です。日本では歌手や芸能人はもちろん、一般の女性にもこのような「女らしい」女性像が広く受け入れられています。世界的にも日本の女性は女らしく従順だと広く認識されています。このような認識は、日本の伝統的な女性に対する態度に起因しています。

日本の女性に対する認識を要約すれば「弱者」であると言うことができます。男女の役割を陰陽の道理によって理解し、互いの位置にふさわしい役割を強調してきた（夫婦有別など）韓国とはまったく異なる方向の理解です。男は強く女は弱いという力の論理（？）による区分であると言えるでしょう。

日本の文化における強者と弱者は、単に力が強いか弱いかという区分ではありません。強者はおのれに与えられた社会的役割をよく遂行することができ、おのれの名前（名誉）をはじめとするおのれのものを守ることができる存在です。また強者は弱者を支配し、弱者にどんなことでも要求する権利を有しています。

それに対し弱者は強者の支配に服従しなければならず、強者の地位に挑戦したり強者の要求を拒否することなどはあってはならないこととみなされています。さらに強者は弱者の助けを受けることとすら恥と考えます。そのため日本の漫画の主人公たちはあれほど強くなるのだと叫び続けているのです。弱者の運命がそのようなものだから、です。

日本の女性が弱者であるとみなされている事実は、さまざまな分野にあらわれています。日本で使われている言葉の中に、女子力というものがあります。従順でかわいい女性らしい魅力を意味する造語です。女子力によって女性を評価する文化があるというわけです。

もちろん女性の女性性は女性の魅力を構成する要素のひとつではあります。しかしその基準を社会が決定し、女性がそれに自分をあわせていくことを要求するのは、現代社会の基準に合致しないと思われます。

その他、男性語と女性語が別々に存在する日本語の特性や育児について女性の責任が極端なまでに強調されるなど、男性と女性の差異を明確に規定しそれを守らなかった場合にその対象を非難する雰囲気は、韓国とははっきりと異なる日本の文化的特性です。

このような日本の女性に対する態度は、伝統的な性文化とともに、女性を性的な対象とみなす傾向をさらに強化するものと思われます。女性を、男性と対等な存在ではなく、弱者として男性の支配と要求に順応しなければならない存在として認識するようになるというわけです。日本の多彩な18禁コンテンツを消費している方々はこの点に留意する必要があります。

当然のことですが、個人的な差はあります。

日本でも非常に性平等的な考えの人はいますし、韓国にも過去の男性中心的文化で類型化されたような人はいまだに存在します。日本も現代の民主主義国家のひとつなので、性平等の政策など制度的に韓国が見習うべき部分もあり、韓国の女性の人権や社会活動などの水準が完璧だなどという話ではありません。

わたしは、韓国と日本の女性に対する態度には差異があり、その差異はふたつの国の文化的な背景に由来すると言いたいだけです。

ただし、ここでひとつ明確になった事実があります。韓国人は自分に与えられた現実をそのまま受け入れたりはしない、という事実です。それが、過去においてどれほど正しく当然であったものであっても、です。

日本も女権伸張のためのたくさんの努力を重ねてきました。日本の女性が沈黙していたと考えてはいけません。しかし少数の努力によって全体的な文化的認識を転換するのは困難であると思います。

日本人は特に、これまで存在していたものを転換することに強い抵抗を感じる人々だからです。

オンラインゲームの韓国
vs
家庭用ゲーム機の日本

韓国は自他共に認めるゲーム大国です。WCG（World Cyber Games）の成績をもとに国別のゲームの実力を分類すると、韓国は「神の領域」に入るほどです。それだけ韓国人のゲームの実力は他の追随を許さないレベルだということです。

「スタークラフト」「リーグ・オブ・レジェンド（LoL）」「オーバーウォッチ」など、種目に関係なく、各種のeスポーツ大会で優勝して賞金をかっさらっていくかと思えば、名のあるゲーム会社が心血を注いで制作した作品をわずか数時間でクリアしてしまうなど、ゲーム業界における韓国人の実力は並外れています。

ここでひとつの疑問がわきあがってきます。韓国人はなぜこれほどゲームがうまいのでしょうか。韓国人とゲームについては、「why Korean」、つまり「なぜ韓国人は」ではじまる検索語自動完成機能の最初にgameが出てくるほど、全世界の人々が疑問に感じているテーマです。

しかし当の韓国人たちはこの現象についてそれほど不思議には思っていないようです。

韓国人がゲーム大会で優勝したり、賞金ランキングで上位を占めたというような記事には必ず「他にやることがないからゲームばっかりしているんだな」というようなコメントがベストコメントになったりします。

はたしてそうなのでしょうか。わたしは韓国人が「他にやることがないからゲームに熱中する」という指摘にはまったく同意できないと思っています。このような認識がゲーム以外にもさまざまなところで目につくからです。

ある映画の観客数が一千万人を超えたと言えば「韓国人は他にやることがないから映画ばかり観ている」、週末に登山客でいっぱいになったというニュースには「韓国人は他にやることがないから山登りばかりやっている」、プロ野球の観客数が数百万人を超えたと聞けば「韓国人は他にやることがないから野球ばかり観ている」という具合です。

ちょっと待て、「他にやることがない」って？　ゲームもやり、山にも登り、映画も観て、野球も観戦しているというのに。むしろやることがありすぎるのではないか？　したがって「他にやることがないから」ゲームをやっているという言葉は真実ではないと言えそうです。

わたしたちが見逃しているのは、ゲームをやる理由です。みなさんはなぜゲームをやるのですか。ゲームをやりたいからやるのでしょう。誰かに強制されてやっているわけではありません。ゲームがうまいというのも同様です。うまくなりたいからうまくなったというわけです。

だから問題は簡単です。「韓国人はなぜゲームがうまいのか？」という質問を「韓国人はなぜゲームがうまくなりたいのか？」に変えればいいのです。現象にとどまるのではなく、現象の奥にある欲求に焦点を合わせるのです。これが文化心理学的思考です。

前置きが長くなりましたが、ここから本格的に韓国人がゲームを得意とする理由を探っていこうと思います。まず、人々はおもしろいからゲームをやります。ゲームにはおもしろさを味わえるさまざまな要素があります。美しくかっこいいグラフィック、ゲームに没頭させるストーリーライン、与えられた課題をやりとげたときの褒賞など。

ところがゲームの楽しみには、このようなゲームそのものの要素以外のものがあります。人々がおもしろいと感じる点は、人によって、そして文化によって異なります。

ゲームをやる理由のうち、韓国の文化に特徴的な点は「たくさんの人と一緒になりたい」という欲求にあります。インターネットカフェにひとりで行くこともありますが、大概は友人たちと一緒に行きます。そして多くの場合同じゲームの同じサーバーに接続し、ひとつのパーティを結成して遊びます。友人たちと一緒に行けない場合は、同じゲーム内で出会ったユーザー同士で時間を決めてゲームをしたりします。ひとりでゲームをやる場合も、たくさんの人が参加しているゲームを好む傾向があります。

ひとつのゲームに多数のユーザーが同時に接続してお互いの役割を遂行するゲームをM

MORPG（大規模多人数同時参加型オンラインRPG）と言います。「リーグ・オブ・レジェンド」「オーバーウォッチ」「バトルクラウド」など多くのゲームが採用している形式です。

さまざまなゲームの形式の中で、韓国人は特にこのMMORPGを好んでいます。他の人々との多彩な相互作用が開かれている韓国人の性向が反映された現象だと思います。韓国人が、多人数でチームを組んでプレイするゲームで頭角をあらわしている裏には、このような文化的な背景があるのではないでしょうか。

それに反して日本人は、ゲーム機と一対一でプレイするゲームの形式を好んでいます。家庭用ゲーム機のゲームです。ゲーム機にCD-ROMを入れ、ジョイスティックのようなものを用いてプレイするものです。プレイステーション、エックスボックス、かつて閣下（?）が「どうしてわれわれはこういうものを作れないのか?*」とお怒りになったという任天堂のゲーム機などです。

家庭用ゲーム機の場合、ひとり（あるいはふたり）のプレイヤーとゲーム機の間の相互作用があるだけですが、MMORPGの場合は接続数によって数百、数千の相互作用が存

＊　2009年、李明博《イミョンバク》元大統領は経済対策会議で「どうして韓国はオンラインゲームは盛んなのに、任天堂やソニーのようなゲーム機を作ることができないのか」という発言をした。

在します。実際ＭＭＯＲＰＧは、定められたストーリーライン以外のユーザーの自由度が非常に高くなっています。ユーザーたちはゲーム内で職業を持ち、アイテムを売り買いするだけでなく、詐欺を企んだり同盟を組んで戦争をしたりします。時にはゲーム内での相互作用がリアルにつながり、出会いから恋愛、結婚に発展したり、逆に現実世界で喧嘩になったりする場合もあります。

もちろん日本人もＭＭＯＲＰＧをやらないわけではないのですが、その内部での相互作用の量と質は韓国人とは比較になりません。ユーモアサイトのようなところに掲載された、オンラインゲームで「列を作って並んでいる」日本人のユーザーの写真を見たことのある人もいるはずです。対人関係を築くのが苦手で、定められた規則に従おうとする日本人の行動様式はオンラインゲームの中でもそのままのようです。

ゲームがうまくなりたいという韓国人の、もうひとつの理由であり、もっとも大きな理由は、負けたくない、という思いです。ある意味でもっとも単純かつ確実な理由です。負けたくないからうまくなるしかないのです。

韓国と日本を研究してきた文化心理学者たちによれば、韓国人は他の人に影響を与えたいと思う「主体性自己」が優勢だということです（第2章で詳細に考察します）。主体性自己が強い人は、自分のことを社会的影響力を及ぼす中心的な存在（主体）であると考えるため、他人を率い、統制し、教え、管理しようとする欲求が大きくなります。

「勝つ」というのは、自分の影響力を他人に及ぼす事象の中でもっとも大きなことです。逆に「負ける」というのは自分の影響力がもっとも小さくなる瞬間でしょう。したがって韓国人は、誰かに勝ちたい、そして負けたくないという強い欲求を持っていることになります。

しかし現実世界では、自分が他の人に勝つというのはそれほどしょっちゅう経験できることではありません。むしろ現実の自分は、限りなく無力で弱い人間であることが多いでしょう。ゲームはこのような「勝利」を比較的容易に経験させてくれます。ゲームでの勝利は、かなりの部分自分自身の純粋な努力の結果だからです。

韓国で起こる文化社会的な現象のほとんどは否定的に解釈されます。それも韓国人によってです。韓国人がゲームを得意とする理由を「遊ぶ文化が不足しているから」だとか、「過剰な競争によってゲームをゲームとして楽しむことができなくなっている」ためなどと解釈することも可能です。しかしこのような解釈はいったい誰の役に立つのでしょうか？　勝ちたいと思って一所懸命にやり、その結果うまくなった。わたしが考える、韓国人がゲームを得意とする理由はこれです。そして、勝ちたいという心がどこか「自分にぴったりと合う分野」に出会ったとき、韓国人はそこでとんでもないことをしでかすのではないでしょうか？

合唱する韓国人 VS 鑑賞する日本人

いつのまにか韓国を象徴する公演文化として定着した合唱。今回はその合唱について考察していこうと思います。そもそも韓国が合唱の元祖というわけではありません。ロックやヘヴィメタル発祥の西欧でまずはじまりました。少し前に公開された『ボヘミアン・ラプソディ』にもあるように、クイーンがライブエイド（1985年）に出演した場面でも、熱狂的に合唱するイギリスの観客の姿を確認することができます。

韓国の合唱が世に知られるようになったのは、メタルバンドのメタリカが韓国にやってきてからでした。それほど期待することなく韓国にやってきたメタリカは、観客の情熱的な合唱に感銘を受け、それを忘れることができずその後幾度も韓国にやってきました。

とりわけ2006年の公演では、歌はもちろんアドリブのギターソロまでそのまま観客が合唱するという珍場面まで登場し、次第に合唱が韓国を代表する公演文化として知られるようになりました。歌のクライマックスや、公演の最後の数曲ぐらいを合唱する外国の観客に比べ、韓国の合唱にはいくつか特異な点があります。

ギターやドラムの音に合わせて歌ったり、歌手が歌っていない間奏の間も観客が歌い続けたりします。一小節を歌った後マイクを観客の方に回し、敢えて輪唱のような形に持っていくミュージシャンもいます。ダンサー兼歌手の場合には一緒にダンスを踊り、ラッパーのラップを最初から最後まで一緒に歌ったりもします。歌だけでなくさまざまな悲鳴、合の手なども、韓国の合唱の特徴のひとつです。

その後韓国を訪れるミュージシャンたちは、観客の熱情的な合唱に驚き、感激して、楽しい舞台を作るようになったということです。このような合唱の場面やミュージシャンが合唱に言及している映像はユーチューブにたくさんアップされています。ファンたちの話題となった「エミネムのハート事件」も韓国公演のときに起こったことです。

当時エミネムは日本の大阪公演を終えて韓国にやってきました。日本特有の静かな観覧の雰囲気に興ざめしていたときに、速くて難しいラップを最初から最後まで合唱し呼応してくれた韓国のファンに向けて、感謝の意味を込めて両腕でハートを描きました。これが話題になったのは、そもそもエミネムはファンに投げハートをするようなアーティストではなかったからです。

ファンの間では、ハートではなくまったく新しい悪口だなどという説がまことしやかにささやかれたほどです。では、韓国の合唱がこんなに有名なのだという話はこれぐらいにして、合唱が韓国を代表する公演文化となった背景について考えていくことにしましょう。

韓国人が合唱をするのは、海外ミュージシャンの公演のときだけではありません。国内歌手のコンサートや、大学祭、軍隊での慰問公演、路上ライブなど、公演があればいつでもどこでも合唱がはじまります。さらには朴槿恵《パククネ》弾劾のためのロウソク集会が行われた2016年冬の光化門《クァンファムン》広場でも合唱の声が響きわたりました。

合唱がそれだけ自然に韓国人の生の中に融けこんでいる証拠でもあり、合唱は韓国文化の産物だと言えるのです。合唱を可能にする韓国の文化として、まず第一に韓国の伝統的な公演文化をあげることができます。舞台と観客が明確に分離している西洋や日本の演劇とは異なり、韓国の伝統劇では舞台と観客の区別が明確ではありません。

俳優が観客に語りかけたり、観客席の中に入っていったりします。観客はそのような俳優と言葉を交わし、みずから劇の一部になります。観客の方から俳優に話しかけたりすることもあります。現在でも伝統的な仮面劇やマダン劇でよく見られるこのような場面は、はるか昔からの韓国の公演文化でした。パンソリのような専門の音楽家の公演でも、観客は随時「オルシグ」「いいぞ」「そうだ」「だから」というような合いの手を入れ、歌い手、演奏者と疎通してきました。このように舞台と観客が疎通してもよいという考えが、公演での合唱を可能にしてきたと考えられます。これは究極的には、人と人との間の境界についての考え方からはじまったと推測できます。要約すれば、韓国人は自分と他人との間の境界をいつでも行ったり来たりできると考えている、ということです。このテーマについては後でさらに具体的に言及していくつもりです。

もうひとつは、韓国人が歌を歌うときのやり方です。韓国の昔の歌は多くの場合「誰かが音頭をとり他の人がそれを受ける」というやり方で歌われました。つまりひとりが前の一節を歌い、何人かがそれを受けて後の一節を歌うというやり方です。また定められた人が最初の節を歌うのではなく、みながぐるぐるまわりながら音頭をとっていきます。パンソリや歌曲など、専門の歌い手が歌うのではない民謡のほとんどがこうやって歌われます。田や畑で、職場で一休みしながら歌っていたこういう歌は、「歌はみなで歌うもの」という認識につながり、それが現代韓国人に伝えられたのです。最近でもカラオケへ行けば、誰かの歌にあわせて他の人が歌いはじめ、いつのまにか大合唱になっているというような場面がしばしば見られます。最初はそれぞれ順番を守って歌っていても、時間が残り10分というようなことになれば、みなで歌うことのできる「馬を走らせよう」というような歌を選択したりします。

それに対し、日本人の公演観覧文化は韓国とは正反対です。ユーチューブでも韓国と日本の公演の実況を比較した映像を見ることができます。日本の公演では合唱を聞くことはほとんどできません。せいぜい歌手が歌うときに拍子をとる程度で、歌手が合唱を誘っても（"Sing with me!"）それにこたえる観客はそれほど多くはありません。

日本人が合唱をしないのは、まず公演に対する考え方が違うからです。日本の伝統的な公演は舞台と観客が明確に区別されており、俳優が観客の方に入っていったり観客が舞台に上がるというようなことはまったくありません。さらに日本社会は他の人に迷惑をかけてはならないという認識が非常に強いと言えます。ミュージシャンの音楽を鑑賞するために来たのだから、まず他の人の邪魔をしてはならないと考えます。

他の人が歌手の歌をちゃんと聴くことができるように静かに歌を鑑賞する日本の観客の方がより成熟（？）しているのではないか、と言う人もいるかもしれませんが、そういう方々は文化的な動機を誤解しています。文化的行動は「成熟」というような尺度ではかることができるものではないからです。

日本人は公演を「歌手の歌を聴きにいくこと」と考え、「そうであれば他の人の邪魔にならないようにする」という動機が生まれるため合唱をしないのであり、韓国人は公演を「興に乗って楽しむところ」と考え、「そうであれば歌手と観客がひとつになり思う存分楽しまなければならないから」合唱をするのです。

韓国文化の立場からだけ説明していきましょうか？　合唱は単に歌手と一緒に歌うという意味ではありません。歌手と観客、公演と現実、あなたとわたしの境界を破壊し、その場にいるすべての人がひとつとなる新しい世界を開くことなのです。

わずか2〜3時間の短い公演ではありますが、わたしが愛するミュージシャンの息づかいひとつまでその意味を理解し、隣で一緒に歌う人と目の光までひとつになる空間、その中でわたしたちはともに楽しみ、ストレスを解消し、共感し、慰め合い、エネルギーを得るのです。

ミュージシャンにとっても、自分たちの音楽を愛してくれるファンたちとひとつになって作り出す新しい経験が楽しくないわけがないではないですか？　公演はファンと交流する場です。音楽を聴くだけなら、コンサート会場へ行かず、家でヘッドフォンを耳にかけて鑑賞する方がいいでしょう。

先に触れたメタリカのギタリスト、カーク・ハメットの言葉を引用して、この節を終わることにしましょう。

おれたちは本当に韓国のファンが大好きだ。１９９９年にはじめて韓国へ行ったとき、観客の反応と音楽に熱狂する姿に驚いた。韓国のファンは、日本の観客のように「静かに」熱狂するものだと思っていたのだが、完全に予想ははずれた。韓国人はおれたちと同じように熱狂したんだ。騒がしく、あふれるほどのエネルギーで歌い……野外公演のとき、あまりにもじめじめしていたんでシャツを脱いでギターを弾いた。ギターのストラップが肌に触れるのが嫌で絶対に上着を脱がないようにしているんだが、韓国では例外だった。

マクチャンの韓国ドラマ
vs
異世界の日本アニメーション

日本の文化コンテンツは目新しく幻想的な物語を見せてくれます。これ以上修飾語を必要としない宮崎駿監督の美しい作品はもちろん、過去と現在、地球と宇宙、現実と幻想を超越する日本のアニメーションの想像力についてわたしがこれ以上説明する必要はないでしょう。日本のアニメーション産業の売上は年10兆ウォンに達するほどであり、その半分は海外での収益なので、日本アニメーションの位置は確固としていると言えます。

子供時代に楽しく鑑賞した夢と希望の名作アニメの大半が日本で作られたということを知り、しばらくの間ショックから抜け出ることができなかった記憶があります。当時（1980年代）韓国のアニメーションや特撮のレベルは非常に残念な水準でした。

もちろん『ロボット跆拳《テクォン》V』や『ウレメ』シリーズの人気も相当なものでしたが、日本のコンテンツに馴染んだ視聴者の目を満足させるには不十分な点がたくさんありました。そのため長い間、多くの人が日本の文化的潜在力を褒め称え、韓国はなぜこういうものを作れないのかと嘆いたものでした。

他の場所でも述べたことですが、「どうしてわたしたちはあのようなものを作れないのか？」という質問には問題があります。他の人が上手だからといって、わたしたちがそうなる必要はないのではないでしょうか。彼らにはそうなる土壌（文化）があったから上手なのです。土壌が異なるのだから、うまくできないからといって恥ずかしがる必要はないでしょう。

正しい質問は、「わたしたちはなぜあのようなものを作れないのか？」ではなく、「わたしたちがうまく作れるものは何か？」です。そうであれば、韓国文化コンテンツの特徴は何なのでしょうか。わたしたちはどんな土壌から何を汲み出しているのでしょうか。

日本のアニメーションに比肩しうる韓国の文化コンテンツはドラマと映画です。日本にもドラマ、映画があり、韓国にもアニメーションはありますが、日本のアニメーションと韓国のドラマ、映画に、ふたつの国の文化がもっともよく反映されているとわたしは思っています。

ふたつの国の人々が現実をどのように見ているのか、という点に関連して、それぞれの文化コンテンツの差異があらわれ出てきています。日本人がアニメーションを通して幻想の世界を見ようとしているのに対し、韓国人はドラマと映画を通して現実世界を見ようとしている、とでも言いましょうか。

もちろん日本のアニメーションが「人間の問題」から目を逸《そ》らしているわけではありま

せん。多くの日本のアニメーションは、現実には存在しない世界、存在しない人物たちの間の事件を通して「比喩的に」現実の問題を浮かび上がらせています。宇宙や未来、ファンタジー世界を背景として深みのある哲学的な質問を投げつける、というのは日本アニメーションだけができるアプローチです。

それに対し韓国のドラマや映画は現実を直接扱います。日本や中国などの周辺国に比べ、韓国は歴史に関連するコンテンツの制作が際立っています。日本による植民地時代、朝鮮戦争、軍事政権、民主化運動、ＩＭＦ危機など、胸の痛む歴史もためらうことなく扱うというのが韓国の特徴です。

日本の植民地時代の、慰安婦と学徒兵の愛を描いた『黎明《れいめい》の瞳』、朝鮮戦争を背景に花開いた兄弟愛を描いた『ブラザーフッド』、戦後の渾沌の時期を描いた『野人時代』、開発時代の夢と野望を描いた『野望の歳月』、軍事政権の時期の政経癒着を背景として展開される三人の男女の友情と愛を描いた『砂時計』。

韓国の文化コンテンツは、ドラマ『ソウルの月』『六人兄弟』や映画『国際市場で逢いましょう』『チャンス商会　初恋を探して』のように激動の現代史を生き抜いた個々人の生に光を当てたり、『第Ｎ共和国』シリーズのように存命の人物を実名で登場させ現代史を丸ごと描き出したりもします。

もちろん一部の作品は論争に巻き込まれたりもしましたが、韓国の文化コンテンツは時に淡々と、時には激しく、あるいは新しい視点から当代の事件とそれに関連する個人の生に光を当ててきました。

その国の特殊な事情が反映されているだけあって、このようなコンテンツが世界の人々の幅広い関心を得るのが難しかったというのは事実ですが、『弁護人』『タクシー運転手』『１９８７、ある闘いの真実』などの民主化運動を扱った映画は、香港のように同じような経験をしている社会の市民から熱い関心を向けられたりもしました。

テーマが男女間の愛であれ、友人同士の友情であれ、家族の大切さであれ、暴力組織が登場する犯罪映画であれ、韓国人は現実につながる物語でなければ容易に共感できないように思われます。少なくても韓国人が登場する韓国の物語である場合はそうです。

なぜこんなことを言うのかというと、韓国人は『ハリー・ポッター』『ロード・オブ・ザ・リング』シリーズや、マーベルコミックスの映画のようなファンタジー、スーパーヒーローものにも熱狂するからです。ハリウッドの映画会社が韓国市場を一種のテストマーケットと見ている、という話があるほどです。ありとあらゆる幻想的な物語があふれている日本アニメーションの人気も確固たるものです。

しかし韓国で制作され消費される文化コンテンツの性格はまったく異なります。韓国のコンテンツでは、怪物や幽霊も非常に現実的に描写されます。幽霊、トッケビ（朝鮮半島に伝わる妖怪）や、数百年生きた宇宙人が出てきても、家賃の心配をし、月給を気にしながら人間を愛し、人間と一緒に暮らしていきます。超自然的な存在が持つ特性はあるのですが、行動はどう見ても人間そのものです。

死後の世界を描いた『神と共に』や、この世でもあの世でもない夢の世界「その世」の物語『サンガプ屋台』も、中心となる話は現実の人間の愛と葛藤です。韓国コンテンツにおける神や超自然的存在などの非現実的設定は、現実を描写しさらに強調するための道具という意味を帯びています。

韓国では怪物も、現実の矛盾と不条理が現象化した存在として登場します。人々は怪物と戦うことで、怪物よりも深刻な現実に直面します。奉俊昊《ポンジュノ》監督の『グエムル－漢江の怪物－』がそうであり、ネットフリックスで放映された『キングダム』のゾンビがそうです。怪物が死んでも怪物を誕生させた現実はそのまま残り、観客は痛快さよりも何かすっきりしないものを感じたりします。

アニメーションも同じです。映画『グエムル』の原作(?)という笑うに笑えない評価を受けている『赤ちゃん恐竜ドゥーリー』には、恐竜とエイリアン、ダチョウが登場しますが、その物語は非常に現実的です。わたしが子供の頃放映された『駆けろハニー』や『ヨルシミ』はもちろん、『黒いゴム靴』『ハロージャドゥ』等々、どれも現実世界にいそうな主人公の、どこにでもありそうな物語を扱う作品です。

そのため韓国のアニメーションには、保護者の視聴指導が必要だと思われるものもあります。色鮮やかなかわいらしい色感の絵の中に小さくて愛らしいキャラクターが登場するからと思って子供たちに見せてみると、まだ現実の厳しさに耐えることを学んでいない幼児がショックを受けることもあるからです。

たとえば『庭を出ためんどり』や、活魚料理店から逃げ出したサバの話『パタパタ』の場合、ショッキングな結末のため映画館で子供たちが大泣きして……というようなハプニングもありました。これが、韓国コンテンツが現実と向き合うやり方です。

しかし、韓国の文化コンテンツは現実だけを見せるのでしょうか。実際、現実を忘れたいときに観るのがドラマや映画です。では、韓国人は現実を忘れたいときにどんなドラマを観るのでしょうか？

わたしが思うに、それは「マクチャンドラマ」（それ以上極端な設定が不可能だという意味で「マクチャン」―どんづまり―と呼ばれている一連のドラマ）です。マクチャンドラマには、現実には見物することすら難しい財閥の三世たち、裁判官に検事、医師などが続々と登場してきます。彼らは大抵出生の秘密を抱えており、彼らが愛する異性が腹違いの兄妹だったりします。

マクチャンドラマは、その設定や登場人物の容姿、彼らの言行などが極度に非現実的なものになっています。はんぱでなくもつれにもつれた関係に、日常生活ではとても目にすることのできないセリフとリアクションまで……「イェナがソンジョンの娘だって」というような話を聞けば飲みかけていたジュースぐらいは口からあふれ出てくれなければならず（MBCドラマ『愛してたみたい』の中でカルト的な話題になった一場面。イェナがソンジョンの娘だと聞いて、驚いて呆然とした主人公の口から、飲みかけていたオレンジジュースがあふれ出す）、頬を打つ場合でも水をぶっかけるなどは基本で、心を込めて漬けたキムチで叩くくらいすれば記憶に残るというものです（MBCドラマ『みんなキムチ』の一場面。腹を立てたおばさんが袋からキムチ一房を取りだして男の頬を打つ。当然男の顔や上半身はキムチの薬味などで真っ赤になる）。

しかしわたしたちは、時には現実がマクチャンドラマの上を行く場合があることを知っています。マクチャンドラマだとバカにしていた設定がたびたびTVで報道されるのを目にして、人々は「〇〇の想像が現実になる」と感じるのではないでしょうか。だからマクチャンドラマに熱狂する人がいるのではないかとも思います。

このように、現実性こそ韓国の文化コンテンツのもっとも大きな特徴だと言えるのです。もちろん日本に現実を描いたドラマや映画がないわけではありません。特に『深夜食堂』や『孤独のグルメ』、韓国でリメイクされた『リトル・フォレスト 春夏秋冬』など、日本のドラマや映画で描かれる静かで落ち着いた日常には、韓国のコンテンツには見られない味があります。

しかし現実を直接描くというのは、日本人が得意とするやり方ではないようです。日本

上●ドロドロ愛憎劇『愛してたみたい』は韓国で爆発的な人気に。オレンジジュースを吐き出すシーンはバラエティーで流行った。
下●韓国の朝ドラ『みんなキムチ』のあのキムチビンタのシーン。SNSなどで大バズりした。

の暗い面をえぐりだした是枝裕和監督の『誰も知らない』や『万引き家族』などの映画は日本でそれほど歓迎されませんでした。同じようにカンヌ映画祭で大賞を受賞したのですが、韓国では『パラサイト 半地下の家族』の受賞に対して大統領はもちろん多くの政治家をはじめとする各界各層の讃辞が続いたのに対し、日本は『万引き家族』の受賞に冷淡な反応を示しました。少なくとも政界の反応はそうでした。政治と日常の世界が分離されているのかもしれないと思わないでもないですが。

「日本にこんな家族は存在しない」と要約できるこのような反応からは、厳然と存在する現実をわざと見ようとしない切実さのようなものを感じてしまいます。それを認めた瞬間、受け入れなければならない現実の重さに耐えられないからなのでしょうか。最近日本のアニメーションのトレンドが「異世界物」である理由も、そのあたりから感じ取ることができるようです。

韓国人の関心は現実にあります。かつて孔子が怪力乱心を語らず、と教えたからでしょうか。あるいは檀君《タングン》神話に見られるようにこの世界を愛しているためでしょうか。犬の糞にまみれてもこの世がいい、ということわざにもあるように、韓国人はそこで犬の糞まみれになってもこの世（現実）にぶつかり、戦いながら生き抜いていくはずです。

罵倒する韓国人 vs 礼儀正しい日本人

韓国には悪口雑言がたくさんあります。代表的なものをあげてみても、ケ〈犬〉が入る一連の言葉から、「チョッ」〈男性器〉、「シプ」〈女性器〉などの性器が入る悪口をはじめ、過去の刑罰に由来する言葉〈オラチル〈「オラ」は捕縄《ほじょう》、「チル」は行為〉、チェンジャンハル〈「ナンジャン―乱杖《らんじょう》―を受ける」から来た言葉。乱杖とは肉体を乱打する朝鮮時代の拷問〉、ユクシラル〈「ユクシ」から来た言葉。ユクシは戮屍《りくし》、つまり死体を斬首する刑罰〉〉、ヨムビョン〈染病、つまり伝染病〉、チラル〈癇癪《かんしゃく》をチラル病という〉、ミッチン〈狂う―ミッチダ―から来た言葉〉など身体・精神的な疾病に関連する言葉、近親相姦などの人倫に背く意味の言葉〈ニミラル〈おまえの母親とやる奴、から来た言葉〉、チェギラル〈自分の子供とやる、から来た言葉〉、チギミ〈おまえのかあちゃん、から来た言葉〉〉など、実に多様です。

この他、動物に関連する悪口、身体の障害や毀損《きそん》に関連する悪口、またこれらを組み合わせた形態まで、実に多種多様な悪口が存在し使用されていることが分かります。それだからなのか、韓国には多様な悪口が収録された悪口大辞典まであるほどです。

それに対し日本には悪口と言えるような言葉は非常に少ないと言えるでしょう。日本のアニメやドラマなどを見ても、せいぜいバカ、アホ程度です。

韓国語ではチェンジャンと翻訳されるチクショウは畜生、つまりチムスン―動物―を意味します。韓国語でチムスンというのは、ときどき恋人同士で使われる言葉にすぎません（あなたぁ〜、チムスン〜）。チェンジャンというのは乱杖という刑罰に由来する言葉です。乱杖とは、罪人が死のうが生きようがとにかく体中を打ち据えるという刑罰です。つまりチェンジャンとは、「おまえの子供は乱杖を受けて死ぬべきだ」という非常に深刻な意味を有しており、動物とは大きな差があります。

アニメーションなどでときどき耳にする「アホ」も、ぼんやりしている、知的障害という程度の意味です。もちろん日本にも、これよりは複雑な卑俗語はありますが、コノヤロウといった相手を軽蔑的に呼ぶといったものが多く、その他「失《う》せろ」「糞《くそ》喰《く》らえ」「死ね」といった程度で、韓国語の悪口のように具体的に「何を使用してどのようにして殺してやる」といった表現はほとんどありません。

自分が韓国人なので韓国の悪口をたくさん知っているという事情もあるでしょう。外国の多様な悪口の表現を知るほど外国語に通暁していないというのも事実です。しかし少なくても、韓国と日本を比較した場合、韓国の悪口の方がはるかに多様で豊かなのは間違いないようです。

なぜ韓国人は豊富な悪口を使用し、日本人はそれほど悪口を言わないのでしょうか？韓国人は悪口を多用するから悪い人であり、日本人は悪口を言わないからいい人であると考える人もいるようです。はい、そのとおりです。小学校のレベルでならぴったりする考え方です。友だち同士、悪口を言わないで仲良く過ごすのが良い子なのですから。

ところが、です。文化は「良い」「悪い」というように評価できる対象ではありません。文化は、特定の集団の人々が与えられた環境に適応するために長い時間をかけて作り上げてきたものであり、社会の維持と存続のために機能するものだからです。

では、悪口の機能とはどんなものでしょうか。悪口は、表面的には、相手に対する攻撃という意味を持っています。悪口の表現はほとんどが相手に対する蔑視、嘲弄《ちょうろう》、呪詛《じゅそ》、脅迫です。しかし悪口の形式的な内容が実際に実行されることはほとんどありません。わたしたちの悪口の内容が実現したならば、世の中は恐ろしい反社会的犯罪で満たされるはずです。もちろん韓国にそのような犯罪が充ち満ちているわけではありません。したがって悪口の実質的な機能は別のところにあると見なければなりません。

悪口の実質的な機能は、まさに否定的な感情を表出するところにあります。悪口を言うのは、挫折や喪失によって腹が立つからです。相手に対する失望、裏切られたという気持ち、憎しみもそれに加勢するはずです。このような否定的感情は精神の健康に大きな害を及ぼします。挫折や喪失がすみやかに回復し、相手が謝罪してくれればいいのですが、現実の世界でいつもそのようになると期待することはできません。

このようなとき、腹立たしく悔しいという思いを抑えつけたとしたらどうなるでしょうか。韓国ではそのようなとき火病《ファビョン》になると言います。火病は、腹が立ってもそれを表現することができず、自分の思いを訴える人もいないときに発生する病気です。悪口はこのような悪い感情を排出してくれます。

腹が立ったとき、誰もいないところで思い切り悪口を言えば、少しは気持ちが楽になるのではないですか。誰もいないところでは王様の悪口だって言う、と言うではないですか。韓国で悪口は、普段の積もり積もった否定的感情を表出する手段なのです。

さらに悪口には、悪口を言う人を強く危険な人物に見せるという効果があります。一種の自己誇示機能と言えるでしょう。子供とおとなの間でおのれのアイデンティティを確立していく青少年たちがたくさん悪口を言う理由がこれです。わざと荒々しい言葉を使って他の人が自分を無視できないよう防御するというわけです。

もちろん年を取ってからも悪口ばかり言う人の評判は韓国でも良いとは言えません。そのような人々は大体、感情を調節する能力が不足しているか、悪口によって自分のからっぽの内面が表に出るのを防御しようとしているのです。

また、韓国の文化で悪口を使用する場面がもうひとつあります。悪口は意外にも、親しい間柄でよく使います。とりわけ子供の頃から長い時を一緒に過ごした親友である男たちの会話は、そのほとんどが悪口です。だからといって彼らが互いを仇と考え攻撃しようと思っていると判断してはなりません。

つまり韓国の文化では、悪口は情の通じ合った関係を象徴したりもするのです。最近はあまり見かけなくなりましたが、市場の悪口ばあさんたちは客に向かってありとあらゆる悪口雑言を投げかけながら商売をします。わざわざ悪口ばあさんの店で買い物をする客は、悪口の向こうにあるおばあさんたちのあたたかな情を感じたいと思っているのです。

悪口はその内容そのものではなく、悪口を分かち合う人々の関係の深さと質を表現しています。韓国文化において悪口は、人々が自己を表現する方法であり、意思疎通の方法でもあります。では、悪口を言わない日本人は否定的な感情をどうやって解決しているのでしょうか？

人を信じる韓国人 vs システムを信じる日本人

２０１２年、ＯＥＣＤ（経済協力開発機構）が実施した幸福指数の研究のうち、困難な状況で助けてくれる人がいるのか、と問う項目に対し、韓国は調査対象国36のうち35位でした。世の中に信じられる人がひとりもいないとは、ちょっとショックです。

本当にそうなのかと意外に思うことはもうひとつあります。大韓民国は詐欺犯罪で世界1位なのです。２０１３年の１年間、韓国で詐欺犯罪は27万４０８６件発生しました。年平均25万件、１日６８０件以上の頻度です。同じ期間、日本は３万８３０２件に過ぎませんでした。

２０１８年３月に韓国統計庁が発表した「２０１７韓国の社会指標」によれば、韓国人の家族、隣人、知人など一般人に対する信頼度は、４点満点で２・７点で、それほど高い点数ではありませんでした。４点満点と言えば、①まったく信頼できない、②信頼できない、③信頼できる方だ、④完全に信頼できる、というように推定できるので、２・７点ということは信頼できるかどうか迷う、という水準に該当します。

公共部門に対する信頼度はさらに不可思議です。医療機関が2・6点で相対的にもっとも高く、その次は教育界、金融機関で2・5点、検察と大企業に対する信頼は2・2点と低い水準となっています。政府部署に対する信頼度は、それでも前年に比して0・3点増加した2・3点ですが、国会は1・8点ともっとも低い結果でした。2点より低いということは露骨に信用できないという意味です。

政治思想家のフランシス・フクヤマは著書『「信」無くば立たず』で「国家の競争力は、ひとつの社会に固有の信頼の水準によって決定される」と主張しています。そうです。韓国はこれだから「先進国」ではないのです。

ところで、奇妙な点があります。韓国人といえば「情《チョン》」ではなかったのではないですか。いつもくっついている韓国人——情の関係で結ばれていて、毎日のように「おれたちは他人じゃない」と叫び続けている韓国人が、どうして隙を見れば互いに詐欺をしようとし、困っているときに助けを求める人がひとりもいないのでしょうか？

これまで引用した調査結果だけを見れば、韓国人はほとんど信じることのできない社会システムの中で、毎日のように互いにだまし合い、虎視眈々と相手の隙を狙いながら生きている、この世でもっとも信用ならない種族のように感じられます。各界の専門家とマスコミも韓国は「低信頼社会」だという前提で、すべての話をはじめています。

ところが、です。国家比較統計サイトであるヌベオ（ＮＵＭＢＥＯ）が２０１８年に

120ヵ国を対象とした調査で、海外旅行客が選んだ世界で一番安全な国は韓国でした。2019年の調査ではちょっと順位が下がりましたが、韓国を訪れた多くの外国人は、夜遅く出歩いても安全な国だと語っています。

韓国には、ヨーロッパの観光地ならどこでもお目にかかるスリもいないし、コーヒーショップや食堂にカバンやノートPCを置いていっても盗む人はいません。地下鉄に忘れ物をしても、紛失物保管所へいけばたいてい見つかります。

韓国では停電したり、さらにはデモがあっても、都市が破壊されたり商店が略奪されるというようなことは起こりません。韓国よりも信頼のレベルが高いという国家でもときどき発生することなのですが。韓国人が当然だと思っている韓国の治安の水準やこのような文化は、信頼とはまったく関係がないのでしょうか？

要点からお話ししましょう。信頼にはふたつの次元があります。私的な信頼と公的な信頼がそれです。他人に対する一般的な信頼の水準と、その社会の機関やシステムに対する信頼の間には差異が存在します。

韓国人の心理を研究してきた研究者として、韓国人の一般的な信頼の水準は高い方だが、機関やシステムに対する信頼の水準は低いと言えると思っています。公的領域に対する低い信頼は、まず歴史的に韓国の国家システムが韓国人に対して行ってきたことを思い起こせば、自然に理解できるはずです。

韓国人の記憶が及ぶ限り、旧韓末*から現在にいたるまで、韓国の国家システムは一言でいって正常ではありませんでした。亡国と植民地、内戦と独裁を経験した韓国人がシステムを信頼できなくなったというのは当然のことです。それにもかかわらず社会が維持され、この程度でも発展することができたのは、おそらく韓国人の私的信頼体系のためであろうと考えられます。

韓国人は基本的に、他の人の心も自分と同じだという前提で生きています。だから情もあつく、他の人とすぐに仲良くなりますが、逆にそのために誤解することも多く、腹を立てることも多いのです。

このような信頼の体系が、コーヒーショップにノートPCを置いていっても盗んでいく人がいない理由であり、詐欺犯罪が多いのもやはりこのためだと考えることができます。人々は「あの人がわたしのノートPCを持っていくはずなんかない」と考えて品物を置いていくのであり、詐欺犯たちは「あの人がわたしを騙すなんてありえない」と思う人の心を逆に利用しているわけです。

日本はどうでしょうか？　前述した『「信」無くば立たず』のフランシス・フクヤマは

＊　厳密には朝鮮王朝が国号を大韓帝国に改めた１８９７年から日本に併合される１９０１年までのことを意味するが、漠然と朝鮮王朝末期以後を指す場合が多い。

韓国を代表的な低信頼社会と分類し、逆に日本はアメリカ、ドイツなどとともに高信頼社会に分類しています。しかし最近このような通念を考え直す研究結果が提起されています。社会学者の佐藤嘉倫《よしみち》が韓国、アメリカ、日本を比較した研究では、韓国人の一般的な信頼水準は53％と、アメリカ（34％）、日本（20％）よりもかなり高い結果となりました。武蔵大学社会学部メディア社会学科の針原素子准教授は、２０１０年にソウル、ニューヨーク、東京の地下鉄での乗客間の相互作用を比較しました。

１００区間あたりの相互作用の頻度は、ソウル45・4回、ニューヨーク26・2回、東京6・6回でした。他の人と話をしたり、席を譲ったりなどの行動が起こったということです。針原准教授は、韓国人の対人関係網の大きさがアメリカや日本よりも大きいと述べています。人間関係を結ぶのに積極的で、ためらいがないというのです。

社会心理学者の山岸俊男は、日本は信頼が高い社会ではない、と断言しています。日本は「安心できる社会」であって「信頼が高い社会」ではない、と言うのです。彼によれば、信頼とは不確実性にもかかわらず相手が自分に損害を及ぼさないはずだと信じ期待することを意味します。他人に対してそのような信頼と期待があるのならば、日本人の一般的信頼水準や対人関係網の大きさがそんなに小さくなるはずはないでしょう。

わたしは「調べてみたら韓国が高信頼社会で日本が低信頼社会だった」というようなことを言いたいのではありません。信頼には一般的な信頼と公的な領域に対する信頼があり、そのふたつは次元が異なると理解しなければなりません。信頼の次元は必ず区分する必要があります。

韓国社会の公的領域に対する低い信頼は必ず改善しなければならない事案です。しかし一般的領域での高い信頼水準もまた韓国文化の重要な特徴であり、韓国が直面するさまざまな社会的問題を解決していく上で核心的な鍵として作用しうる資産であるという点を看過してはいけません。

同様に日本の高い信頼は、彼らの社会システムと公的領域に基盤を置いています。その反面他人に対する低い信頼もまた日本文化の重要な特徴であり、日本をきちんと理解するためにはこのふたつの側面を両方理解する必要があるという事実もまた、わたしが強調したいと思っている点です。

反日の理由 vs 嫌韓の理由

　近くて遠い国、という言葉があるほど、韓国と日本の仲はよろしくありません。韓国人が日本を嫌う理由は、ふたつの国の歴史と密接な関係があります。三国時代から壬辰・丁酉倭乱にいたるまで倭寇*に苦しめられ、最後は国を奪われてしまったのですから。

　そのためスポーツの日韓戦でもあった日には、日本にはじゃんけんにでも負けるわけはいかないと闘志を燃やす韓国人をどこでも見つけることができます。実際、隣接した国家同士仲が良くないというのは世界のどこでも見られる現象です。イギリスとフランス、ドイツとフランスのような国も、長い間やったりやられたりした歴史のために、サッカーのような試合があれば日韓戦を髣髴《ほうふつ》とさせるような雰囲気になります。

　しかし韓国の反日感情は、単純に隣人同士の長い間に積もり積もった感情のためだけだと理解するのには無理があります。徴用の被害者、慰安婦のおばあさんたちなど、日本の植民地時代を直接経験した人々がまだ生存しており、さらに日本の植民地支配は朝鮮戦争と分断という現在に続く韓国の不幸な現代史の原因でもあるからです。

日本人は、韓国人はどうしてすでに終わった問題を何度もむしかえし、謝罪したにもかかわらず何度も謝罪を要求するのか……と不満を感じていますが、歴史の歪曲のような事案は決して終わった事案ではないというだけでなく、一度謝罪した内容も内閣が変わったりしたら一瞬でひっくりかえったりするので、韓国人の立場ではその謝罪の真実性に疑いを抱かざるをえないのです。

ところで日本はなぜ韓国を嫌うのでしょうか。日本政府は、過去の歴史や領土の問題などに対する韓国の立場について「子供のように駄々をこねている」「感情的な対応だ」というように反応しています。このような反応は、日本の文化的背景によれば、相手を極端に低く評価している語法です。

日本の文化では、駄々をこねたり自分の感情を露わにするのは、子供などの行動だと評価されます。子供は常に、父母の厳格なしつけと周囲の厳しい視線にさらされています。つまり、日本は韓国を「子供」であると見ているというわけです。

過去の歴史や領土の問題など両国間の敏感な事案についてよく知らない日本人が聞けば、韓国が一方的に悪いと考えるはずです。国家間の問題に子供のように駄々をこねているというのですから。

＊　中世、東アジア諸地域で活動した日本の海賊、私貿易商人。

韓国を、駄々をこねる子供程度に見る日本の認識は近代以前にさかのぼります。次に引用するのは、日本の近代化の父であり、慶應大学の創立者であり、一万円札の顔でもある福沢諭吉の朝鮮に対する評価です。

（朝鮮は）亜細亜州中の一小野蛮国にして、其文明の有様は我日本に及ばざること遠しと云う可し。之と貿易して利あるに非ず、

〈「亜細亜諸国との和戦は我栄辱に関するなきの説」福沢諭吉全集第二十巻、岩波書店〉

彼等の頑冥不靈は南洋の土人にも譲らずして、其道を行く能わざるのみか、折角の親切を仇にして却て教導者を嫌うに至りしこそ是非なけれ。

〈「対韓の方針」福沢諭吉全集第十六巻、岩波書店〉

彼等の頑迷倨傲なる、更に又何様の事を惹出して遂に両国の交際をして止むを得ざるに破裂せしめることなしとも云ふ可らず。

〈「朝鮮新約の実行」福沢諭吉全集八巻、岩波書店〉

福沢諭吉は、日本が近代化し、強大国となるためには、朝鮮、中国のような国がいる未

開なアジアを脱出し、ヨーロッパのような道を歩まなければならないと考えました。これは彼の『脱亜論』の中にある主張です。福沢諭吉のこのような思想は、帝国主義時代の非西欧地域を未開社会とみなし、ヨーロッパを人類文明の頂点と見る社会進化論的認識に深く染まったものです。

日本は福沢諭吉が提唱した理論を根拠として、西欧の文物を受け入れて産業化に成功し、同時代のヨーロッパのような帝国主義の道を歩みました。そして帝国主義の植民地化の対象となったのが、朝鮮をはじめとするアジアの諸国でした。

この過程で、日本と他のアジア諸国を区分する認識が生まれました。すべての国には「それにふさわしい位置」があるという認識です。次に引用するのは、ルース・ベネディクトの『菊と刀』の一節です。

◆三国同盟（1940年、ドイツ、イタリア、日本）当時の宣言文

大日本帝国政府独逸国伊太利国政府ハ万邦ヲシテ各其ノ所ヲ得シムルヲ以テ恒久平和ノ先決要件ナリト認メタルニ依リ云々

万邦ヲシテ各々其ノ所ヲ得シメ兆民ヲシテ悉ク其ノ堵ニ安ンセシムルハ曠古ノ大業ニシテ前途甚タ遼遠ナリ

◆真珠湾攻撃当日の日本の声明書（1941年）
万邦ヲシテ各其ノトコロヲ得シメントスルハ帝国不動ノ国是ナリ（中略）右ハ万邦ヲシテ各其ノ所ヲ得シメントスル帝国ノ根本国策ト全然背馳スルモノニシテ帝国政府ノ断ジテ容認スル能ハザル所ナリ

◆日本の陸軍省の代弁者としての一中佐の発言（1942年）
日本は彼らの兄であり、彼らは日本の弟である。この事実は占領地域の住民に充分徹底させなければならない。住民にあまり思いやりを示しすぎると、彼らの心に日本の親切につけこむ傾向を生ぜしめ、日本の支配に有害な影響をおよぼすことになる。

〈『定訳　菊と刀』社会思想社　現代教養文庫〉

日本にとって、世界の国々の「ふさわしい位置」とは、日本が兄となり他の国が弟になることを意味します。兄は弟を保護し、弟は兄に従います。（彼らにとって）実に美しい世界です。

しかし兄と弟ということは、強者と弱者という意味も内包しています。強者は弱者にどんなことでも要求でき、弱者にはこれを拒否する権利がない、というのが強者と弱者についての日本人の認識でもあります。弱者が被害に遭うのは彼らが強くないため、というわけです。強者には反省したり謝罪したりしなければならない義務はありません。

日本人が韓国を嫌悪する理由もここにあります。弟がなまいきにも兄に逆らうのはもちろん、弱者が強者に向かって謝罪と補償を要求するなどということは到底受け入れることができないのです。これは最近のいちじるしい韓国の成長とも関連があります。

韓国の国際的位置は福沢諭吉が生きていた時代とはまったく異なります。軍事力世界7位の軍事強国であり、ＩＭＦが発表した世界10大先進国のひとつである韓国は、日本が無視できるような国ではありません。

日本との１人当たりのＧＤＰ（国内総生産）の格差は、１９６５年当時はなんと9倍の差がありましたが、２０１８年を基準としてみると韓国が3万１３６２ドル、日本が3万９２８６ドルと、その差はかなり縮まっています。２０２０年3月にＯＥＣＤが発表した購買力平価（ＰＰＰ：Purchasing-Power Parity）基準の１人当たりのＧＤＰ（２０１７年の統計）では、韓国が4万１００１ドルで、4万８２７ドルの日本を追い越しました。

さらに韓流などの大きくなっている韓国の文化的影響力が、伝統的な文化強国である日本の立場を脅かしており、最近進められている南北協力の雰囲気もまた東アジアで日本の優位がこれ以上続かないという日本の認識を生みだしています。南北の終戦宣言に反対する唯一の国が日本です。その反面日本はバブル経済の崩壊以後経済の活力を失い、いわゆる「失われた30年」が続いている上、２０１１年に発生した東日本大震災と福島原発事故の後遺症のため転機をつかむことができないでいます。

もちろん日本はいまでも世界3大経済大国のひとつであり、さまざまな分野で日本の影響力は強大です。しかし輸出管理問題や貿易制裁など、最近のうちつづく韓国叩きは、このような優位がいつまで続くか分からないという不安が反映したものと思われます。

中島岳志東京工業大学教授（近代日本政治思想家）は朝日新聞とのインタビューで、韓国が経済成長によって国力を大きくしている反面、日本の相対的地位が下落していることが、最近韓国に対する否定的論調が拡散している主要な原因であると述べました。

彼は「韓国の姿勢も『日本に言うべきことは言う』という方向に変わっていった。一部の日本人にとっては、自分が自信を喪失する中で、隣の国である韓国が自己主張を強化している態度が気に入らないというわけだ。保守、特に壮年層で（嫌悪感情が）より露骨になっている」と説明しています。

実際、最近の朝日新聞の世論調査の結果を見ると、韓国に対する嫌悪感情は若い世代より老年層でより強いものとなっています。中島教授は「過去韓国を下に見ていた中、老年世代にそのような傾向がある程度あるのは納得がいきます。この世代は時代の変化についていけないのです。それが現在日本のナショナリズムの姿です」と述べています。過去に形成された韓国に対する認識を現在もそのまま維持しようという日本の思いが、嫌韓の主要な理由なのです。

実際、現在日本の若い世代にとって韓国のイメージはそれほど悪くはないようです。韓流を楽しむ青年たちも多く、韓国に旅行で訪れる日本人も増えています。しかし日本の主要な書店にはいまだに嫌韓コーナーが設けられており、大都市の街頭では嫌韓デモが繰り広げられています。

もちろん嫌韓デモに対抗するデモをする日本人もいますし、一部の自治体ではヘイトスピーチ防止法を立案するなどの努力が行われています。しかし韓国に対して強硬な態度を取り続けていた安倍政権の支持率は高いままで、言論は韓国をおとしめる記事を流し続け、ワイドショーなどでそのような内容の番組が放送されている現実を見ると、嫌韓が日本の中、老年世代に限定された現象であるとみるのは難しいのが現実です。

韓国のお国自慢 vs 日本のお国自慢

いまや大ククポン（お国自慢）の時代です。ククポンというのは、国（クク）に麻薬の一種であるヒロポンのポンをくっつけた言葉で、自分が属する国に対して感じる自負心のことを意味します。最近ユーチューブや放送には、ククポンに酔ったコンテンツがあふれています。

実際、最近の国際社会における韓国の位置を見ると、根拠がないとは言えないようです。経済、軍事などの外的な部分から、Ｋ‐ＰＯＰやドラマ、映画など世界に影響力を広げている文化、不当な権力を退陣させた民主主義、Ｋ‐防疫というブランドとなりつつある新型コロナ対応など、韓国人として自負心を感じるに値する事件がたくさんあるためです。

韓国人だけがそう感じているわけではなく、ユヴァル・ノア・ハラリ、マイケル・サンデル、ビル・ゲイツなど世界的な大学者や有名人もさまざまなメディアで韓国を賞賛しています。音楽、映画などの大衆文化で言及される韓国についていちいち引用するのが食傷するほどです。

その結果、一部のユーチューバーやTV局のレベルではなく、一般の国民の自国に対する自負心も上昇しているように見受けられます。昨年4月に韓国リサーチが実施した調査では、韓国人であることが誇らしいが80％、韓国で暮らすことに満足しているが76％、もう一度生まれても韓国に生まれたいという人が71％に達しました。しばらく前まで流行語であった「ヘル朝鮮*」という言葉もいつのまにか姿を消しているようです。

一方、クッポンと言えば日本に触れないわけにはいきません。日本は以前から「世界に愛される日本」をモットーに、自意識が高いことで有名でした。日本はアジアで最初に産業革命と近代化に成功した国であり、はやくから貿易と交流で世界の文化と芸術に影響を及ぼしてきました。余談ですが、伝統劇である歌舞伎の舞台装置はオペラに、陶磁器を包むのに使われていた浮世絵は印象派美術に影響を及ぼしました。それだけではありません。

第二次世界大戦での敗戦を克服し、1980年代にはすでにアメリカを脅かす経済大国に成長し、自動車、電子、先端素材産業など伝統的な産業強国として君臨していました。大衆文化に及ぼした日本の影響はさらに大きいものでした。韓国のことだけを考えてみても、子供の頃に日本のアニメを見ないで育った人はいないほどであり、変身ロボット、怪

＊　英語で地獄を意味する「ヘル（Ｈｅｌｌ）」と朝鮮を組み合わせた造語。学歴差別、貧富の差など韓国社会の生きづらさを「地獄のような朝鮮」と自嘲した表現でＳＮＳで広がり流行語となった。

獣、侍、忍者など、全世界の人びとの目を釘付けにした代表的な文化コンテンツは日本からのものでした。その他にも、よく保存された伝統、秩序があり清潔な街、治安など、日本人がみずから誇りにするだけの充分な理由があります。

しかし最近の日本のクヮポン現象には、文化心理学者として看過しえない重要な変化があらわれています。いまだに世界三位の経済大国であり、強大国としての位置を維持している日本ではありますが、最近の日本のクヮポンは度が過ぎているように思えます。

以下は最近発行された日本のクヮポン書籍の題名です。

- 『イギリス、日本、フランス、アメリカ、全部住んでみた私の結論。日本が一番暮らしやすい国でした。』（泰文堂）
- 『住んでみたヨーロッパ9勝1敗で日本の勝ち』（講談社）
- 『日本人だけが知らない世界から尊敬される日本人』（SBクリエイティブ）
- 『世界が憧れる天皇のいる日本』（徳間書店）
- 『日本人になりたいヨーロッパ人〜ヨーロッパ27カ国から見た日本人』（宝島社）
- 『日本人はなぜ世界から尊敬され続けるのか』（徳間書店）
- 『イスラムの人はなぜ日本を尊敬するのか』（新潮社）
- 『日本が戦ってくれて感謝しています　アジアが賞賛する日本とあの戦争』（潮書房光人新社）

・『日本に住む英国人がイギリスに戻らない本当の理由』（ベストセラーズ）
・『日本はなぜアジアの国々から愛されるのか』（扶桑社）

実際に日本は長い間世界を先導してきた国のひとつであるので、そういう部分についてのお国自慢は理解できます。しかし、日本には四季があるとか、きれいな水を飲むことができる国であるとか、自動ドアがあるタクシーなど、他の国に対する理解が深刻に不足していると思えるものや、先にあげた本のようにまったく自己客観化ができていない自画自賛が登場する現実は、明らかに問題があるようです。

もちろんすべての日本人がこのように認識しているわけではないはずです。度が過ぎたお国自慢に対しては日本人の間からも反省の声が上がってはいます。しかし最近の日本のお国自慢流行には、明らかな変化が感じ取れます。日本の圧倒的な優勢を誰も疑わなかった１９８０～１９９０年代には、このような現象はほとんど目につかなかったのですから。

ククポンの心理は一次的に自尊心の欲求と同じです。人は自分が他の人よりも少し良い存在であると考える傾向があります。その結果ある程度現実の歪曲も発生します。度が過ぎていなければこのような傾向は精神の健康にかなり良い影響を与えます。

自尊心の欲求は自分が属する集団に対してもあらわれます。いわゆる集団自尊心（group self-estem）がそれです。人間が社会的存在であるためにあらわれる極めて自然な現象です。ギリシャの歴史家ヘロドトスの時代から、自分の国が他の国よりも優れているという認識はありました。

しかし現時点での韓日両国のクㇰポンは趣が異なります。クㇰポンを作りだしそれを享有する動機が異なるのです。韓国のクㇰポンが、長い間低迷していた集団的自尊心を回復し、ゆっくりと自尊心を感じようとする姿であるのに対し、日本のクㇰポンには何か焦りのようなものが感じられます。日本はこれだけ住みよい国でなければならないというような切迫した心情です。

日本が世界三大経済大国のひとつであり、強大な国であることは間違いありません。しかし日本の影響力はだんだんと低下しています。日本の栄光は１９９０年代にその頂点に達し、その後「バブル経済」が崩壊していわゆる失われた30年が進行している状況にあり、伝統的に日本が強みを見せていた自動車、電子産業なども下降線をたどっています。

その上２０１１年に発生した東日本大震災は天文学的な被害を残し、福島原発についてはいまだに復旧の見通しすら立っていません。そのため日本は不足する財政を国債によって充当しています。２０１９年の日本の国債比率 はＧＤＰの２５０％で世界1位です(韓国は37％、世界１３４位)。いつまでこんなやり方で続けていくのか、多くの専門家が警告を発しています。さらに不安なのが自然環境です。周知のごとく日本は４つのプレートの境界上に位置しています。現在も80あまりの活火山が散在しており、１００～１５０年周期と言われている大地震についてはすでにその周期が過ぎています。地震は昔から日本人がもっとも怖れていた自然災害でした。地震が起これば、地面が揺れ、地割れが起こるだけでなく、津波や火災といった二次災害が襲ってきて、その結果それまで築いてきたすべてが失われてしまいます。日本人はこのような自然災害に対処するため努力し、現在の地位を築いたのですが、これまで築いたことが大きくなればなるほど、不安もまた大きくならざるをえません。

はたして現在の日本は予告された災難にきちんと対処することができるのでしょうか。わたしたちが対処の国、マニュアルの国であると認識してきた日本の実状は、最近のうちつづく災難によってその真の姿があらわになりました。もちろん自然の圧倒的な力の前に人間がどれほど無力な存在であるかを覚《さと》る契機にはなりましたが、災難の後の復旧、収拾の過程で日本政府が見せた無責任かつ優柔不断な姿に一番衝撃を受けたのは、誰が何と言おうと日本人自身であったはずです。

現在も進行中の大地震の後遺症に加え、毎年訪れてくる台風の被害の復旧も進まない中、コロナ危機が起こりました。そして日本の対応は、誰が見てもうまくやったとは言えないのが現実です。

それでも日本人が、日本が最高の国だ、誰もが日本に住みたいと思う……と繰り返している理由は、最近大きくなりつつある不安を解消するためであると思われます。もっとも住みよい国、みなが愛する日本こそ、心の中の不安を融かすことができるからです。

限りなく甘い韓国の父母 VS 厳しくしつける日本の父母

以前日本に行ったときのことです。わたしは幾度も日本へ行ったことがあるわけでもなく、日本に長く住んだこともありませんが、この事件はいまでもはっきりと覚えています。東京で地下鉄に乗ってどこかへ行こうとしていたときでした。ある駅で、ベビーカーに赤ちゃんを乗せた若いおかあさんが乗ってきました。

別に気にすることもなく他のことを考えていると、しばらくして赤ちゃんの泣き声が聞こえてきました。すると約束でもしていたかのように、電車の中の人々の視線がベビーカーとそのおかあさんに集中したのです。おかあさんはかわいそうなぐらい焦りはじめ、まわりの人に「すみません」を連発していましたが、次の駅で降りてしまいました。目的地はまだ先だったと思われたのですが。人々が加えた無言の圧力のために降りたようです。わたしは、赤ちゃんが泣いたという理由で電車を降りたおかあさんの行動が、まったく理解できませんでした。

何年か後、わたしは4ヶ月ほどになる赤ちゃんを連れて、妻と一緒に地下鉄に乗ってどこかへ行こうとしていました。韓国でのことです。しばらくして赤ちゃんが泣きはじめました。そうです。もともと赤ちゃんは泣くものなのです。それでも妻とわたしは、降りようなどとは思わず、赤ちゃんをあやしていました。

するとおもしろいことが起こりました。まわりの人々が笑顔を見せ、隣にいたおじさんはおかしな表情で赤ちゃんをあやしはじめ、前にいた女子学生はスマホで『ポロロ』(童謡のひとつ)を流し、座っていたおばさんは「おかあさんが困っているじゃないか。なんで泣くんだ」と赤ちゃんを叱りつけました。もちろん目は笑っていました。

その瞬間、わたしは数年前の日本の地下鉄でのことを思い出しました。日本のおかあさんはなぜ地下鉄を降りなければならなかったのでしょうか?

日本人は、赤ちゃんが交通機関を利用することを迷惑だと考えるようです。ベビーカーで乗車することは、日本の民営鉄道協会が発表した地下鉄での迷惑行為の7位に該当します。ゴミを捨てたり酔っぱらって乗車するよりも順位が上です。

日本の国土交通省が２０１３年に発表した調査によれば、混雑した電車にベビーカーを畳まないで乗車することが迷惑だというこたえが42%に達しました(韓国８%)。またベビーカーで乗車するとき、まわりの人に場所を譲ってもらったりしたことがあるという項目のこたえは13%だけでした(韓国53%)。

心理学者の北折充隆は、日本人はベビーカーと一緒に交通機関を利用することを「他人の私的領域を侵害」する行為だと認識している、と分析しています。日本人にとって「自分の領域」が持つ意味が大きい、ということは知っていましたが、これほどとは思いませんでした。

社会的規範の存在を知る以前である赤ちゃんと、その赤ちゃんと一緒に移動する人にまで同じ基準を要求するとは。韓国ではこのようなことは起こりません。まず韓国人の迷惑についての概念は日本とは大きく異なります。赤ちゃんと一緒に電車に乗ることをどうのこうの言う人がいないだけでなく、隣の人と話をしたり電話で通話したりする姿もいくらでも見かけることができます。

特定宗教の布教行為とか、お酒を飲んでの高歌放吟ぐらいになってはじめて迷惑行為と言えるはずです。ボールペンなどを売り歩いたり物乞いする人がいたとしても、しつこくねだったりしなければ「生活が苦しいからなんだろうな」ぐらいに考えて見過ごします。

しかし、それでも気になることがあります。わたしはいまでも、焦燥する日本のおかあさんの表情を忘れることができません。あのおかあさんはなぜあれほどうろたえなければならなかったのでしょうか？

その理由は、おかあさんに向けられたまわりの日本人の態度から理解できるようです。子供が他人に迷惑をかけた場合、日本では非難の矢がその母親に向かうのが普通です。迷惑をかける子供を放置した母親を赦《ゆる》すことができない、というわけです。

日本では男女間の伝統的な性役割がいまでも強く残っています。男は外で金を稼ぎ、女は家で育児と家事を担当しなければならないという主張に賛成する比率が40％に達します(韓国10％)。韓国もかなり家父長的な文化だったのですが、日本とは違って現代社会に入ってはやい速度で変化していきました。

したがって日本の文化では、母親は子供を社会の一員として育て上げるために多くのことを犠牲にし、耐えなければならず、日本の女性はかなりの部分これを内面化しています。自分の役割を果たすことができない場合、自分自身を責め、まわりの人に対してすまないと感じるわけです。

子供をきちんと育てることができないという周辺の非難を避けるため一層厳しく子供を叱りつけるおかあさんもいるし、そのような非難を受けることがないよう敢えて外出をしないおかあさんもいます。ここまで考えて、わたしが見たおかあさんの行動が理解できました。

日本の養育は、感情の表現を自制する文化などとあいまって、かなり厳格に行われます。家の外でもこのような雰囲気は続きます。文化心理学者の唐沢真弓の研究によれば、日本の子供たちは保育園の段階から守るべき規則を学ばなければならないだけでなく、それを守ることができない場合はかなり強い批判を受けるということです。日本人はこのような厳格な養育を当然だと感じており、逆に韓国や中国の父母は子供の教育をきちんとやっていないと考えています。

一方、韓国の養育態度は「いったい何様のつもりでうちの子に文句をつけるのか」という言葉から分かるように、「元気一杯に育てる育児」であると要約できます。食堂や浴場のような公共の場で元気一杯駆け回る子供を叱りつけたら、その親が出てくる、というわけです。

最近は「マムチュン」（おかあさん虫。迷惑な子供をほうっておく母親）という言葉が登場するほど、韓国でも子供を育てているんだという理由で迷惑な行動をする親を嫌悪する現象があらわれていますが、迷惑の基準が日本とはかなり異なるうえ、過度な嫌悪に対してはそれを警戒する声が出てくるようになっています。本質は、韓国の親は子供に対して非常に寛大だ、という点にあります。

特に、韓国に居住したことがあったり居住している外国人が、韓国の父母の寛大な養育に言及したりしています。代表的な人として、ユニバーサルバレエ団の国際部長を務めたアメリカ人、キム・リンさんを紹介しましょう。彼女は過去のインタビューで、韓国のおかあさんたちは西洋のおかあさんよりも、赤ちゃんの泣き声にすぐに、そして積極的に反応する、と言っていました。

まず韓国のおかあさんたちは赤ちゃんと一緒にいるのが当然だと考えているので、そうなるのは当然です。西洋式の育児が紹介され、子供と一緒に寝るというのが子供の独立性を育てる上で良くない影響を及ぼすというようなことが言われても、韓国のおかあさんたちは子供をひとりにしておくのが不安でもあり、子供を他の部屋で寝かせることを嫌います。わたしのまわりに、外国の男性と結婚した女性の友人が何人かいますが、彼女たちはほとんど例外なくこの問題で夫と揉めています。

韓国のおかあさんたちは赤ちゃんと一緒に寝ながら、赤ちゃんの小さな反応ひとつひとつにこたえていきます。赤ちゃんが泣けば、まずオムツが濡れていないか確認し、オムツが濡れていなければ乳を含ませ、それでも泣きやまなければ赤ちゃんを裸にしてどこか問題がないか確かめます。

子供が泣き続ければ、泣きやむまで抱っこしたりおんぶしたりします。韓国の赤ちゃんはこのようにして、親から離れることなく育っていきます。子供が少し大きくなっても事情は変わりません。アメリカの学者、ブルース・カミングスは、韓国の家庭を訪問したときのことを次のように語っています。

わたしは彼らが子供たちに対してあまりにも寛大なので驚いた。ふたりの子供は自由な鳥のように家の中を勝手気儘《きまま》に走り回った。両親はまったくしかったり罰を与えたりしなかった。夜になると子供たちは両親の腕に抱かれて寝た。

韓国では一般的に子供たちを非常に寛容に育てます。少なくとも特定の時期まではそうです。よく褒めてやり、何かをねだればほとんどの場合聞き届けます。感情表現も豊富で、スキンシップも多い方です。厳格な親の場合は、祖父母や親戚がそれを補完したりします。外国人によるこのような観察はかなり時代をさかのぼったものもあります。１６５３年に朝鮮に漂着したオランダ人のヘンドリック・ハメルも、両親の寛大な養育態度について記録を残しています。旧韓末に朝鮮を訪れたダヴェルイ主教も、朝鮮の親たちの極端な子供への愛を印象深く記録しています。

精神分析の理論を研究している心理学者たちは、幼い頃の経験が生涯の性格の形成にもっとも重要な影響を及ぼすと見ています。特にエリック・H・エリクソンやロナルド・フェアバーンのような精神力動理論家は、各時期に結ばれる両親と子供の相互作用によって自分と世の中に対する態度が形成されると主張しています。

特にわたしは、韓国と日本の育児において決定的な差異がある時期として、エリクソンの心理社会的発達段階で主導性対座意識と命名されている時期に注目しようと思います。この時期は4~7歳ほどの年齢に該当し、子供の精神的、身体的能力が成熟して、計画を立てて何かを達成しようとする行動（主導性）が出てくる時期です。

この時期の子供たちは、社会的規範に対する理解が低く、時として非常に攻撃的になったり、危険な行動のために自分だけでなく他の人に危害を加えることもあります。そのため両親は、罪の意識をともなう強い制裁によってこれを調節しなければなりません。

この時期、韓国の親たちは、特に日本と比較した場合、子供の行動に対してかなり肯定的なフィードバック（激励や賞賛）を見せます。このような面が韓国人の性格形成に影響を与えているという推測が可能です。その反面、社会的規範（迷惑など）を強調し、賞賛などの両親の肯定的フィードバックが乏しい日本の養育のやり方が日本人の文化的性格を形成する原因となっていると考えられます。

文化には長所と短所があります。韓国の養育方式は、自信にあふれ他の人にためらいなく接近していく人間の類型を作り出します。そのかわり、自分勝手な行動の結果、互いにいがみ合うことも多くなります。日本の養育様式は、規則をちゃんと守り自分の役割に忠実な人を育て上げます。そのかわり彼らは自信不足になりがちで、従うべきマニュアルがない状況では大きな不安に包まれたりします。

それぞれの文化で育った人は、自分の文化がもっとも正しく、良いのだと信じがちです。文化心理学者である以前に韓国人であるわたしとしては、韓国の養育方式の長所をもうひとつ追加しようかと思います。アメリカの政治学者フレッド・アルフォードの著書『韓国人の心理についての報告書（未訳）』には、韓国のある精神科医師のインタビューが載っています。

韓国の子供たちは、二〜三歳頃まで、ほとんど無制限に母親の手に委ねられます。その結果子供たちは、西欧の人がほとんど知らない、世界に対する自信感をもつようになります。もちろん人生は苦しいもので、その自信感も長続きはしません。でもそれはわたしたちに、未来への希望として残ります。

根拠もなく漠然としたものであっても、自信は希望になります。「わたしは優れた能力がある人間だから、うまくいくに決まっている」という信頼です。このような人間は、一時的な苦難や困難に簡単に挫折したりはしません。いつか良い日が来るはずだという信念をもって現在を生きていくことができるからです。

コラム① 文化を読み解く踏み石

文化をどのように理解しなければならないか

文化を学んでいると、耳にたこができるほど聞くことになる言葉があります。ある文化がこれこれこうだと言ったことに対する「他の国の人はそうではないのか？　人間はみんな同じだ」、あるいは「人によって違うのに、そんな風に一般化できるのか？」というような指摘です。この本を読んでいるみなさんもそう考えているはずです。

はたして韓国や日本に固有の心理的特性のようなものがあるのでしょうか。韓国と日本にある文化的概念は他の国にはないのでしょうか。あるいは、そのような特性は韓国人、日本人全員にあらわれるものなのでしょうか。わたしが知っている韓国人、日本人はそうではないのに、というような疑問です。

人間は、あるときはみな同じで、またあるときはそれぞれ異なるように見えます。文化を理解しようとするとき、ここに難しさがあります。最初はこんな質問を受けるたびに当惑し、その後は悔しく思ったりもしましたが、最近は比較的余裕をもって受け答えできるようになりました。わたしなりの解答を見つけたからです。読者のみなさんも解答を見つけだして、この問題を乗り越えてくだされば、と思います。

人間の行動は、大きく三つの次元に分けることができます。普遍性、相対性、そして個別性の次元です。普遍性というのは、人間が人間であるが故にあらわれる行動の類似性を意味します。人間のＤＮＡに刻みこまれている遺伝的情報がこのような種類の行動を導き出します。

食べて、寝て、排泄し、巣を作り、つがいを探すという、すべての生物が行っている行動と、権力を握ろうと画策し、あるいは権力に服従するという、社会性がある動物に見られる行動です。人間も生物であり、社会性のある動物なので、人間社会では普遍的にこのような行動が観察されます。

ふたつ目の次元は相対性です。人間の行動の普遍性は、彼らが生きている環境との相互作用を通して多様性を帯びていきます。同じように食べて、寝て、家を作り、つがいを探すといっても、海辺に暮らす人と砂漠で暮らす人、森や極地で暮らす人の行動には相対性があらわれます。

ここがまさに文化の次元です。文化とは、人間が環境に適応するために作りだした有形、無形の生産物の総体です。家、生活の道具、衣服などから、家族、結婚、階級などの社会制度、そして規範、法令、価値観といったものまでが、相対性の次元で理解しなければならない部分です。

人は普遍的に衣服を着用しますが、服の形態や着る方法、意味はどの文化でも同じというわけではありません。食べ物は食べますが、その材料や調理法、食べる作法と意味は文化によって異なっているということです。

最後の三つ目は個別性の次元です。ひとりひとりを分けて考えれば、人間の行動はみな違います。食べる、着るという行動にしても、人によって好みが異なり、そのやり方も差異があります。文化的行動も同様です。

農耕文化の人々が米を作るといっても、牛を育てる人がいないわけではありません。海洋文化の人々が海に慣れ親しんでいるからといって、全員が船乗りだというわけではありません。韓国は昔から孝を重んじてきましたが、5000万の国民全員が孝行息子、孝行娘というわけではありません。

人間の種的普遍性は、環境との相互作用を通して、文化的相対性を作り出します。文化的相対性は個々人の性向および生物学的普遍性と出会うことによって無数の個別性を生みだします。個別性の次元で見ていけば、人間個々人を全体的に理解するのは不可能となります。

だから「人間はみな同じだ」や「人間はみな異なる」という理解の方法は正しくありません。そのような前提に立てば、何も理解できないからです。わたしたちが持つべき疑問は「普遍性を持っている人間にどうして差異が生じるのか」「個々人の行動でどうして特定の行動パターンが観察されるのか」といったものです。

このような疑問にこたえを提供してくれるもっとも核心的な概念があります。類型（pattern）です。文化には、ある類型に分類しうる、構成員に共有された行為の様式があるという意味で、人類学者のルース・ベネディクトが創案した概念です。ベネディクトの弟子であり文化と性格学派のもうひとりの学者であるマーガレット・ミードの著書『男性と女性』にはこのパターンの意味がよくあらわれています。この本の主張を要約すれば、男女の性は作られるというものです。

子供は生物学的に男性でも女性でもない両性の属性を持っていますが、子供たちそれぞれの性別にあわせて適切な行動があると教育することによって社会が要求する男性性と女性性を内在するようになる、というわけです。この過程が、べネディクトの言うパターン化です。

文化は、人間が与えられた環境に適応するために作りだしたものです。人間がその環境で生き続けるためには、このようなものを後続の世代に教えなければなりません。教育を通して、後続の世代は該当する文化からの要求に対応する共通した生の方式を持つようになります。これが文化の類型です。

ところがすべての人間には基本的欲求（basic needs）があります。人間という種が持っている生物学的普遍性のためです。教育を受ける子供たちの欲求と教育の相互作用によって、文化の中で子供たちの性格が形成されていきます。

性格とは、個人の欲求、能力と教育、環境との相互作用を通して生成されるものです。子供の性格が生成されれば、それに合う子供たちの行動（child behaviors）が発達していきます。たとえば、甘え、駄々をこねる、わがまま、遊び、などです。子供たちが自分の欲求を充足していく過程で、特定の類型の行動があらわれてくるのです。

ある文化で子供たちがよく接する童話や物語、夢見る幻想、みなが楽しむ遊びなどには、彼らの願望、希望、挫折が反映されています。したがって文化というものは一種の投射体系（projective system）であると見ることができます。

子供が成長すれば、ひとつの社会を構成している成人の性格が形成されます。これを国家のような大きな集団に拡大すれば、その国の文化的性格が形成されるというわけです。成人の性格が理解できるとすれば、当然彼らの行動（adult behaviors）を予測することもできます。

ひとつの文化からあらわれる特定の類型の犯罪や、自殺率、余暇活動などがその例です。またこのような性格が投射されれば、超自然的な存在に対する説明である宗教や、宗教的信念、精神病の原因とその治療についての病因論（etiology）などの文化的産物が派生していきます。

わたしはまさにこの観点、相対性の次元から文化の類型という概念を用いて、韓国と日本の文化を比較していこうと考えています。人間の行動は普遍性の枠の中で規定されていますが、文化による相対性によって区分され、個々人は個別的存在ではあるけど文化は人々の行動をパターン化するからです。

そのために、ふたつの国の社会的現象、風習、価値観、ドラマ、映画、アニメーションなどたくさんの文化コンテンツに言及していくつもりです。これまで気に止めることもなく目にしてきた文化的要素に隠されているふたつの国の人々の心をのぞき見る機会になれば、と思っています。

第2章
韓国人と日本人の「種的特性」の誕生

第2章は、韓国人と日本人の文化的性格について述べていきます。性格というのは、ひとりの人間の固有の行動特性です。個人の、持って生まれた気質と、与えられた環境が性格を作る要因です。個人に性格があるとすれば、集団には文化があります。はるかな昔からある地域に長く暮らしてきた人々は、そこで生き残るために必要なさまざまな習慣と価値を発達させてきました。それが文化です。

異なる文化は異なる性格を作り出します。両親の養育のやり方によって子供の性格が異なってくるのと同じです。韓国と日本、ふたつの国の文化のおもな特性は、結局ふたつの国の人々の文化的性格から来ている可能性が大きいと思われます。

韓国と日本、ふたつの国の人々はそれぞれどのような性格を発達させてきたのでしょうか？　文化現象を通して推定される、ふたつの国の人々の対人関係の様相、感情表現の方法、文化的精神病理と防御メカニズムは、ふたつの国の人々の文化的性格と密接な関係があると思われます。

第2章では、このようなテーマを心理学の性格理論にもとづいて検討していきます。わたしなりに理論的、学術的な研究を反映した部分です。心理学の用語も少し出てきますが、心理学を学んだことがない人でもそれほど苦労することなく理解できると思います。

表情が豊かな韓国のお面 vs 表情のない日本のお面

韓国人と日本人は違います。それも、かなり違っています。その差異をもっとも大きく感じる部分は、ふたつの国の対人関係です。多くの外国人が、韓国と日本の対人関係の差異について指摘しています。日本人は礼儀正しく丁寧だが多少物静かで消極的だとすれば、韓国人は非常に積極的で感情表現も豊かだというのです。

河回《ハフェ》タル（「タル」は韓国の民族的なお面のこと。河回タルは、慶尚北道《キョンサンプクド》*の河回村に伝えられているお面）に代表される韓国のお面は、その表情が非常に豊かです。中には顔と顎が別に作られていて、首をあげると口がぐわっと開くようになっているものもあります。表情がさらに大きく変化するようになっているのです。韓国のタルチュム（仮面劇）に登場する人物は、おのれの感情を直接的に表出しています。

その反面、日本の代表的なお面は、日本の伝統的な仮面劇である能で使われる能面です

* 韓国の東南部に位置する行政区。

が、その特徴は喜怒哀楽の感情をほとんど表出していない点にあります。そのかわり能では、能面の微細な角度や能面をかぶった人物の動作によって登場人物の感情を表現します。

このような韓国と日本のお面こそ、ふたつの国の対人関係をもっとも端的に要約したものではないかと思います。お面、つまり仮面と「性格」は、その属性が一致しています。性格を意味するpersonalityはギリシャ語のpersonaから来た単語ですが、これは古代ギリシャの演劇で俳優たちがかぶった仮面を意味する単語です。

言い換えると、性格とは「個人がかぶっている、他の人に向き合うもうひとつの顔」ということになります。この、性格についての心理学的な定義から見ても、お面を日韓両国の人々を理解する道具として使うのは妥当なのではないかと思われます。

もちろん内省的でもの静かな韓国人がいないわけではなく、外向的で遊び好きな日本人がいないという話でもありません。ただ、前述したように文化の差異は、個人の差異ではなく文化の類型の差異として理解しなければなりません。

韓国と日本の間には、第三者の目にも明らかな行動類型の差異が存在します。そしてそれは、ふたつの国の人々の対人関係についての考え方の差異からはじまっているように思われます。その差異について述べていくことにしましょう。

日本人の対人関係は、「本音」と「建前」という言葉で要約できます。本音とは、文字どおりその人の本心を意味します。建前は「前に建てる」という意味で、本音とは別に他人の前に建てる「対人関係用」の心を意味します。

日本人が常に礼儀正しく丁寧な姿を見せ、他の人の気分を害さないように気を使うようにしているのは、この建前のはたらきがあるからです。日本人の建前は、社会的に与えられた自分の責任を尽くすために構成されており、またそのように作動します。

その反面、日本人の本心、つまり本音を把握するのは非常に難しいことになります。これは数十年にわたって肌を触れ合って暮らしてきた夫婦の間でも同じです。そのため、表面にあらわれた行動によって日本人の本音を推測するのは、彼らを正しく理解することにならない可能性が大きいということになります。

韓国人にとって、本音と建前の概念を理解するのは容易ではありません。韓国人は「表と裏が異なる人物」を、うらおもてがある人間として、あまりよく考えません。それだけ韓国人は他人に対して、自分の考えや感情をありのままに表現することを好みます。

このあたりまで来ると、首を傾げる方がおられるはずです。韓国人が、自分の考えや思想をうまく表現するという点に納得できないと感じる人です。彼らは、韓国人は自分がどんな考えや感情を有しているか自分自身が分かっていないだけでなく、それを他人に表現することは非常にへたくそだと考えているようです。

家父長的かつ権威主義的な文化の中で、自分の意見など黙殺されるのはいつものことで、さらに暗記、詰め込み教育の弊害により自分の考えを発展させ表現する能力を育てることもできていない、というのです。それは、自分を客観化することができていない考えです。外国人の目にうつった韓国人は、主観がかなりはっきりしていて、自己表現が強い人間です。

特に日本人は韓国人のことを、驚くほど自分の考えを遠慮なく表現してしまう人間だと思っています。他の人の気分を害するかと配慮して日本人が絶対にしない容貌についての品定めや集団間の圧力といった敏感な話を、韓国人はいとも気楽に口にしてしまうからです。

そして、韓国人は表現が抑制されているという考えは、逆に言えば強い表現欲求のあらわれである可能性があります。わたしがわたしを表現したいという欲求がないのなら、わたしの表現を妨げている社会的条件（たとえば、権威主義的文化や画一的な教育など）が目に入ってくるでしょうか？　韓国人は強い表現欲求を持っており、実際直接的かつ果敢な自己表現をする人間たちなのです。

自分の内心を隠し相手のために別の姿を前に建てる日本人と、他人に自分の考えと感情を（比較的）率直に表現する韓国人、このような差異は韓国と日本の「自分と他人についての考え」の違いに由来しています。

要点はこういうことです。韓国人の場合、自分と他人の境界が明確ではありません。その反面、日本人は自分と他人の間にはっきりとした線を引きます。自分と他人は完全に区分される存在だという考えのために、本音と建前を区別する必要があるのです。

韓国人は自分と他人の間を明確に区分したりはしません。「おれの心はおまえの心で、おまえの心はおれの心」というわけです。友人になろうとすれば、それこそ「おまえとおれ」の区分をなくしてしまわなければなりません。友人の間に小さな隠し事でもあれば「おまえはおれを友と考えていないのだな」と失望したりします。

また韓国人は、たがいに心の内を打ち解け合ったと考えると、すぐに親しくなります。その間にはかなり深い水準の情緒的共感が通い合います。韓国では、このすべての過程が完成するのに、一晩もあれば充分です。しかし日本人と親しくなるのは思っているほど簡単なことではありません。数日程度の短い友情で相手の本音を把握したと考えるのは間違いです。

人間の間の「境界」についての考えは、韓国と日本の文化を区分する重要な基準です。この違いは、ふたつの国の伝統劇にもそのまま反映されています。お面の話からはじまったので、ふたつの国の伝統劇にあらわれる「境界」についても触れておきましょう。

韓国の仮面劇のような伝統劇には、舞台と観客の区分がほとんどありません。俳優が観客に話しかけたり、観客が俳優に冗談を言ったりするのは普通に見かける光景です。俳優と観客が一緒になって歌ったり踊ったりするのは普通で、何人かの観客が舞台に呼び出されアドリブで演技をしたりもします。

韓国の伝統劇でマダン（舞台）は劇と観客を区分する最小限の境界に過ぎず、観客と俳優はその境界を行ったり来たりしながら、一緒になって劇を作っていきます。もちろん劇の大きな枠は決められていますが。

しかし日本の能では、観客と舞台は徹底的に分離されています。能の俳優は橋掛かり*を通って現実とはまったく異なった別の世界である能の世界へ入っていきます。能がはじまれば、そこは観客が座っている現実とはまったく異なる世界になるのです。韓国の仮面劇のように観客が舞台に上がったり、俳優が観客席に入るようなことは想像もできません。日本の伝統劇にも、歌舞伎の花道のように、俳優と観客が交流するための装置がありはします。歌舞伎の俳優は観客席の真ん中に作られた花道にそって移動しながら演技をし、時には観客に話しかけたりします。

しかしこれは、俳優と観客が境界を越えて混じり合うというより、俳優が観客に浸透していったのだと思われます。観客が、より生き生きとした劇を感じることができるようにする道具なのです。観客は鑑賞する人として劇に参加します。

演劇、特に伝統劇には、その国の伝統的な対人関係についての仮定が反映されています。その差がはっきりとしている韓国と日本の伝統劇での俳優と観客についての考えを通して、ふたつの国の人々の伝統的な対人関係についての考えを読み取ることは、それほど無理な思考ではないはずです。

日本人は基本的に自分と他人が明確に区別される存在だという前提でお互いの関係を築

いていきます。お互いに害を及ぼすことをおそれ、社会的に規制されている行動半径の中で行動していれば安心できるという感覚は、このような前提からはじまった文化なのです。

一方、韓国人は基本的に、自分と他人の立場を自由に行き交うという前提で、対人関係を結んでいきます。韓国人が、言葉にしなくても相手の心を理解できると考えたり（以心伝心）、ときには相手の領域にあまりにも深く入っていったり（出しゃばり）、相手が望んでもいないおせっかいをするのもまた、このような前提からはじまっていると言えます。

対人関係に疲れた韓国の若者の中には、このような「おせっかい文化」を否定的に評価し、他人に迷惑をかけず礼儀正しい日本の人間関係の方がいいと考えている人が少なくないようですが、文化をそのように断片的に判断されては困ります。

関心とおせっかいを通して、韓国人が当然のように享受している情緒的な関係が築かれており、丁寧で礼儀正しいように見える人間関係を維持するために日本人が心理的な圧迫を受けていることなどは、韓国文化に慣れ親しんでいる韓国人の目には見えてこないからです。

＊　能舞台で、見所に突き出している本舞台と鏡の間をつなぐ、橋のような部分の名称。

主体性自己の韓国人 vs 対象性自己の日本人

韓国人と日本人はどれほど違っているのでしょうか？　みなさんの考えはどうでしょうか？　違っている点が多いという人もおられるでしょうし、似たようなものだと考えている人もいるでしょう。韓国と日本は東アジアの儒教文化圏の国家として類似している点が多い国です。人種的に、言語的に、文化的に、そうだと言えます。

心理学では、世界の文化を比較的簡単な基準で分類しています。個人主義 vs 集団主義です。この分類によれば、韓国と日本は同じ集団主義文化に含まれます。集団主義は東洋（その代表は中国）の農耕文化に起因すると推定されています。共同作業が多く、集団内での評判が重要な農耕文化圏では、自分が属する集団が自分の行為を決定する上で重要な基準になったはずだからです。

非常に直感的だと思われるこの分類（個人主義 vs 集団主義）は、文化に関心を持ちはじめた１９９０年代の主流心理学界で採択されたもので、これに対しておびただしい研究が積み重ねられてきました。そして研究の対象には、集団主義文化の代表として主として日本、韓国、中国などの東アジア国家が選択されてきました。これが比較文化心理学(cross-cultural psychology)です。

つまり、主流心理学（比較文化心理学）の観点に立てば、韓国と日本は同じ集団主義文化圏にあると理解されている、というわけです。心理学では、韓国でも日本でも、似たような理由によって同じような行動をとるはずだ、という仮定が存在しているのです。

実際、心理学の比較文化研究を調べていっても、韓国人と日本人の差異についての研究はほとんどありません。集団主義文化の一員として似たような特性を持っている、と描写されているだけです。

しかし、です。本当にそうなのでしょうか。

文化心理学が指摘する比較文化心理学の問題点は、個人主義vs集団主義の区分があまりにも単純だ、という点です。韓国と日本を同じ集団主義であると理解するならば、韓国と日本の差異を説明することはできなくなります。

ひとつの研究を紹介します。「肯定的幻想(positive illusion)」をテーマとした研究です。肯定的幻想とは、まわりで起こっている不幸なことが自分には起こらないと考える錯覚のことです。たとえば、60代の癌発生率が30％であるとして、あなたが60代になったときに癌になる確率はいくらか？　と問われたときに30％より低いとこたえたとすれば、肯定的幻想があると判断されます。

個人主義文化圏の人と集団主義文化圏の人にこのような質問をすれば、おおむね異なった結果が出てきます。個人主義文化圏では肯定的幻想があらわれますが、集団主義文化圏ではあらわれません。

個人主義文化圏の人々は自分自身について肯定的に評価し、また自分に対する評価について集団の圧力は重要ではないので、自分に悪いことが起こる確率は他の人より低いと推定する傾向がある、というわけです。その反面、集団主義文化圏の人々は、自分を他の人よりも特に優れた点はない人間であると思い、またそう考えることが集団の調和を破らないと考えるために、悪いことが起こる確率は他の人と同じだと考えます。

比較文化心理学の仮定によれば、同じ集団主義文化圏に属する韓国と日本では、肯定的幻想はあらわれないはずです。ところが、韓国と日本では異なった反応があらわれました。韓国人は肯定的幻想を持っている反面（20点満点で8・61）、日本人には肯定的幻想がほとんどなかったのです（20点満点で0・13）。

わずか数回の研究で結論を出すのははやいのですが、韓国人と日本人の間に一定の差異が存在する可能性がある、というわけです。その差は何なのでしょうか？　どうして韓国人に肯定的幻想があらわれたのでしょうか？

韓国人と結婚して、韓国で20年以上暮らしてきた文化心理学者の犬宮義行博士はその理由を、韓国人と日本人の「自己観」（self-constural）にあると述べています。自己観は自己（self）をどのような存在と見ているのかという観点を意味する概念です。特に他の人との関係で自己をどのような存在として認識しているのか、ということを意味します。

比較文化心理学では、個人主義文化の自己観を「独立的自己」（independent self）、集団主義文化の自己観を「相互依存的自己」（interdependent self）と呼んでいます。個人主義vs集団主義の文化を基礎として、ヘーゼル・ローズ・マーカスというアメリカ人の心理学者と、北山忍という日本人の心理学者が提唱した概念です。

独立的自己は「他の人と自分は互いに独立的に存在する」と考えます。この人々は他の人の影響力とは関係なく、自分の目標と志向を優先して行動する傾向があります。一方、相互依存的自己は「わたしは他の人と互いに依存し協力する存在である」と考えます。自分の行動は他の人の存在、気分、考えを考慮した後に出てきます。

したがって自分自身に対する過度の肯定的認識（肯定的幻想）は、独立的自己観（個人主義）を持つ人々にはあらわれえますが、相互依存的自己観（集団主義）を持つ人々にはあらわれにくいという推測が可能となります。もし韓国人と日本人が双方ともに相互依存的自己を持っていたとすれば、肯定的幻想はふたつの国の人からはあらわれないということになります。

韓国人に肯定的幻想があらわれたということは、韓国人の自己観には相互依存的自己だけでは説明できない他の要素があるということを意味します。犬宮博士はそのような韓国人の自己観の特徴を「主体性自己」と名付けました。主体性自己とは「他の人に影響力を及ぼそうとするわたし」を意味します。

韓国人の主体性自己に対し、日本人の自己観を「対象性自己」と言います。これは「他の人の影響力を受け入れようとするわたし」の意味です。主体性自己と対象性自己は、「他の人と自分との間に作用する影響力の方向」によって区分されます。

したがって主体性自己vs対象性自己の理論は、韓国人と日本人の行動が自己観、つまり自分をどのような存在と見るかについての考えによって違ってきていると考える理論です。そのような差異から人々の行動方式が変わっていき、結局文化の様相が変わってくると考えます。

主体性自己が優勢な人は、自分を他の人に影響力を及ぼしうる存在であり、影響力を行使したいと思う存在だと考えます。自分が他の人より有能であり優れていると考え、他の人にああしろ、こうしろと言うのを好みます。

対象性自己が発達した人は、自分を他の人の影響力を受けなければならない存在だと考えます。自分を外に押し出そうとはせず、他の人がやろうとする方向に合わせようとする人です。自分は他の人より優れたところはないと考えます。

肯定的幻想にあらわれる韓国と日本の差異は、この主体性自己と対象性自己によるものではないでしょうか？

自分を他の人に影響力を及ぼすことができる存在であると考える韓国人は、自分の価値、能力、ビジョンを高く評価します。他の人が30％の確率で癌にかかっても、自分は癌にかからないと考えます。

それに対し、日本人は他人の影響力を受け入れるのに焦点を合わせるため、自分の行動（自己認識まで）が他の人の気分を害するのではないか、全体の和を崩すのではないかと常に考えます。他の人が30％の確率で癌にかかるのなら、自分も同じような確率で癌にかかるだろうと考えます。

肯定的幻想についての韓日の比較研究は、世界の文化を個人主義と集団主義に区分する比較文化心理学の仮定に重要な示唆を投げかけています。韓国と日本のように集団主義の中に見られる差異をどのように説明すべきなのか……という点です。そして主体性自己vs対象性自己の理論は、この質問に対して、特に韓国と日本の心理的差異について、非常に魅力的な代案を提示してくれます。

韓国人の情 vs 日本人の甘え

情《チョン》はもっとも韓国的な情緒として知られています。韓国人の人間関係と心の質を理解するためには絶対に理解しておかなければならない概念です。しかし、情とは何なのかについてはさまざまな異見が存在します。

韓国人の情とは何なのでしょうか？　まず、情は親密な人の間のあたたかな感情を意味します。有名な英語講師のひとりは情を英語でattachment、つまり愛着と翻訳しました。情は愛着そのものではないですが、愛着から出てくる感情ではあるので、そういうことにしておきましょう。しかし愛着から出てくる感情が情のすべてなのでしょうか。

実際、つき合いの長い、親密な関係からはじまる愛着と愛は、韓国人にだけ見られるものではありません。いわゆる個人主義文化でも、友人との間の気のおけない情（と見ることができるもの）を見つけることができます。相手を大切に扱い、一緒にいれば心が安まり、久しぶりに会えばうれしく、過ちを理解してやり、気兼ねなくつきあうことのできる、そういう心のことです。そういうものが情であるなら、情は本当に「韓国的」なものだと言えるのでしょうか？　情についての文化的脈絡は多様です。しかし、その中のどれが本当の情なのか、と問うことは、情の本質を理解する役にはたちません。

このあたりで本論に入ることにしましょう。情が韓国的な情緒だと言いうる根拠は、情という感情の「方向」にあります。前述したとおり、韓国人は優勢な主体性自己を持っています。つまり、自分自身を、社会的影響力を行使する主体として見ているのです。

したがって、親密な関係において感情を表現するときも、自分から相手の方に表出するという方向にあらわれます。例をひとつあげてみましょう。大学院に通っている外国の留学生に「韓国に来て、もっとも韓国的だと感じたのは何か」と質問したことがあります。

この学生は韓国に来て、ある家に下宿しました。引っ越しをした初日から、家の主人のおばさんが「故郷はどこか、両親は何をしているのか、兄弟はいるのか、誕生日はいつか」など、細かいことを質問してきたというのです。集団主義文化に分類されてはいても個人主義的な中国人であるこの学生は、初対面の人にプライベートなことを細かく質問されることを不快に感じました。しばらく過ぎたある朝、朝食を食べようとしたら、食卓にワカメスープと小さなケーキがあったそうです。わけが分からなくて目を丸くしたその学生が、これはどういうことなのかと質問すると、おばさんは「今日はあんたの誕生日だから用意した」とこたえ、誕生日おめでとうと言ったということです。故郷を遠く離れた異国で、まったく期待もしていなかった誕生日のお祝いを受けたこの学生は感動し、「これが韓国の情なのか」と感じたそうです。みなさんに注目してほしいのは、下宿のおばさんの行動です。おばさんはどうして、よく知りもしない外国の学生の誕生日を祝ってあげたのでしょうか。

こういうことが起きたのは、おばさんの主観的な判断のせいです。おばさんは中国の留学生が自分の下宿に来た瞬間、その学生と非常に親密な関係にあると認識し、故郷、名前、年齢などを訊き、それによってさらに親しくなったと考えたはずです。そして他国に娘を送り出し、誕生日にあたたかいご飯を食べさせることもできない中国の両親のことを思い、かわりに誕生日のお祝いを用意したのです。

この主観性こそが情の韓国的特性なのです。自分が認識する相手との関係からはじまり、自分が相手にやってあげたいという心が優先する親密であたたかい感情が情なのです。国民的お菓子、チョコパイの広告コピーが「言わなくても分かる」であるのは、情の主観性が強調されたからです。言わないのにどうして分かるのでしょうか。わたしが「分かった」と主観的に考えている、というわけです。

この主観性が韓国人の心理の核心的な特徴なのです。そして、主観性のために、わたしたちが知っているたくさんの韓国的な現象があらわれます。情に関係するものだけでも、たくさんの例をあげることができます。

田舎のおばあさんの家に行くと、おばあさんは久しぶりに会った孫がかわいくて、うれしくなってごちそうを用意します。山盛りの飯に、汁、チヂミ、肉、ナムル……、お腹がはりさけそうになるほど食べると、今度は果物、餅、揚げ菓子、甘い飲み物と次から次と出てきます。孫のお腹を破裂させるつもりのようです。もう食べられないと言っても、おばあさんの孫への愛は終わることを知りません。

この心が情なのです。孫の意見や状態よりも、与えたいという自分の心が優先します。自分の社会的影響力が及ぶ方向に同期した心なのです。孫が帰る日が来ると、おばあさんは孫のカバンに、残ったチヂミに餅、胡麻油、果物などをどんどん詰め込みます。それを持って公的交通機関を利用しなければならない孫の気持ちなどお構いなしです。

このような属性のため、情はときとして過度な出しゃばり、おせっかい、プライバシー侵害などとの誤解を受けたりします。情を受ける人が、相手の心をわずらわしく、あるいは負担に思ったりすることもあるはずです。しかし情を与える立場からは、自分の心を分かってくれない相手が薄情だと思えてくるのです。

最近韓国では、変化する時間の波の中で、昔から続いてきたすべてのことが、その意味を変えてきています。情と情を与え、受け取るやり方も同様です。文化はいまを生きる人々の必要によって変化していきます。出しゃばりとおせっかいを負担に感じる人が多くなっているのがその証拠です。それ以前に人々が結んでいた関係の質そのものがすでに変わってきているようです。

しかしだんだんと個人化し破片化していく現代社会の人間関係において、韓国人の情は非常に大きな心理的資源です。世の中が変わっていき、お互いの情に疑念を抱かねばならない瞬間も、互いにもっと慎重になり気を使わなければならない部分も多くなるでしょうが、できれば情と理想的な関係との間で賢明な接触が発見できれば、と望んでいます。

甘えはもっとも日本的な情緒であると知られています。甘えは韓国語で「ウンソク」や「オリガン」と翻訳できるでしょう。韓国にも似たような概念があるということです。情に該当する日本語も存在します。「人情」、あるいは「思いやり」がそれです。

しかし韓国人がウンソクやオリガンをもっとも韓国的な情緒であると考えないように、人情や思いやりをもっとも日本的な情緒だと考える日本人はいません。甘えという情緒がもっとも日本的だと言える理由は何なのでしょうか？

1971年、土居健郎は『「甘え」の構造』という著書で、日本人の甘えについて明らかにしました。彼によれば、甘えは母親と子供の関係に起因します。母親に頼り切り甘える子供の心、これが甘えです。このような属性のため、土居健郎は甘えを受動的対象愛と定義しました。ここが、甘えが韓国人の情と区別される地点です。

前に、情のもっとも大きな特徴が自己中心性、つまり主観性にあると述べました。情は相手に対して自分が持つ感情です。自分が相手に親密感と愛情を感じ、自分が感じただけ相手に良くしてあげたいと思う心が情です。

甘えのように情も母親と子供の関係に由来していると推定できます。母親は子供にすべてを与えます。子供は何の条件もつかない母親の愛を受け取り、安定感と満足感を得ます。日本の甘えが子供の立場で感じるものだとすれば、韓国の情は母親の立場の感情であると言えます。母親の条件のない愛を受け取り、愛する人に限りなく与える母親と自分を同一視するのです。これは実際に子供の自意識が発達する過程でもあります。日本人が母親から愛を受け取る子供の感情経験を内面化したとすれば、韓国人は母親の感情経験を内面化したのです。

韓国人の情は行為の主体として自分自身が感じる能動的な愛です。つまり能動的主体性なのです。受動的対象愛と定義される甘えとは、その方向が正反対であることが分かります。自分が主観的に感じる愛情を相手にほどこそうとする情には、社会的影響力を発揮する主体的存在として自分を認識する主体性自己の特性が、相手が自分に与える愛情を受け取ろうとする甘えには、社会的影響力を受け入れる対象的存在として自分を認識する対象性自己の特性が反映されています。

ここで甘えがはたして日本文化と日本人の生にとってどのような意味を持っているか見ていくことにしましょう。土居健郎は、甘えが日本人の全般的な人間関係と一般的経験に拡張されていると見ています。

彼は甘えを「人間存在で起こりうる分離の状況を否定し、分離がもたらす苦痛を忘れようとする心であると同時に、分離が現実に起こった場合襲いかかってくる葛藤と不安を隠そうとする心理状態」であると規定しています。ここで分離と言っているのは、ある個人が自分を取り巻く人間関係あるいは自分が属している社会から離れ、出ていくことを意味しています。土居健郎の説明を精神力動理論の観点から見ると、甘えは日本人が分離不安に対処するための文化的防御メカニズムであり、その感情であると解釈できます。

分離不安は、子供が母親から離れるときに感じる感情です。つまり日本人は、自分の存在が不安であると感じるとき、母親と分離していなかったときの安定感と満足感を探し出そうとするのです。じっと我慢して耐えていても、孤独で辛いとき、最後に相手が誰であっても頼りたいと思う心が、まさに甘えなのです。

しかし日本で甘えに対する認識はそれほど良いものではありません。日本という社会を維持するもっとも重要な原理として、「迷惑」をあげることができます。他の人に迷惑をかけてはならない、という原理です。韓国人が「秩序意識」程度に理解しているこの「迷惑」は、想像以上に日本人の行動に大きな影響を及ぼしています。

甘えの場合もそうです。甘えは辛く寂しいときに誰かに頼りたいと思う心です。しかし日本人は甘えさえも他人に迷惑をかけると考えているようです。そのため甘えを表に出そうとはせず、また表に出してはだめだという認識が強いと言えます。

2013年に放送された『女王の教室』というドラマがあります。同名の日本のドラマをリメイクしたものです。ここに、日本の甘えについて理解しうる場面が出てきます。

小学校から辛い入試地獄に苦しんできた生徒が先生に「勉強が辛い」と訴えると、先生は「甘えるな」と一喝します。

韓国語版でも「オリガン」をするな、と翻訳されています。社会は成績によっておまえたちを評価し、成績が良ければ成功できるのだから、勉強が辛いなどと文句を言うのは愚かな行動だというわけです。たとえ幼くても、どれほど状況が厳しくても、甘えてはならないという文化的認識が表にあらわれて出てきた場面ではないか、と思います。

日本の恋人たちが、何日間、ときには何週間も連絡をしなくても我慢できる理由も、必要以上にしょっちゅう(?)電話をかけるのは恋人に迷惑になると考えるためです。迷惑をかけないというのは良いことですが、辛くて会いたいと思っても恋人に電話をかけることすらためらうというのは、韓国人には理解しがたい事実です。

整理すれば、日本人にとって甘えは、非常に切実なものですが、簡単に表に出すことのできない心、もしかしたら表現してはならない心なのです。辛く、寂しいからといって甘えてしまえば「迷惑をかける人間」あるいは「自立できない人間」という評価を受けるかもしれません。その対象が家族であるかもしれないのに、です。このような甘えの二重性は、日本人の心に非常に脆弱《ぜいじゃく》な部分を作りだしています。

線を越える韓国人 vs 線を引く日本人

どこかで誰かに何かが起こったら～風のようにあらわれて問題を解決し、かっこよく去っていく人は誰？　正解は「旅行くソンビ（士、学徳のある人）」です。韓国のたくさんの昔話に出てくる「旅行くソンビ」たちはこのように他人のことに口を出すのを好んだということです。

そんなことをしていると昔話の『恩返しをしたカササギ』にあるように殺されかけたりすることもありますが、それでもソンビたちはそういう場面を目にすると見過ごすことができなかったようです。その先祖にその子孫、と言うべきでしょうか。韓国人のおせっかいは有名です。韓国語でおせっかいはオジラプですが、もともとは上着の前裾のことです。「前裾が広い」から、他人のことに過度に口を出すという意味につながったものです。

韓国人の対人関係の代表的な特徴のひとつは、断然「オジラプ」であると言えるでしょう。勉強はうまくいっているのか？　履歴書はどこに出した？　いつ結婚するんだ？　お盆や正月に故郷に帰った若い就活中の学生たちを苦しめる親戚たちのおせっかいがまず思いうかびます。それだけではありません。誰がどんな服を着ているのか、誰と一緒に食事をしたか、どんな自動車を乗っているか、年俸はいくらか、子供たちをいくつの塾に通わせているのか等々、インターネットには周辺の人たちのおせっかいに苦しめられる事例があふれています。

しかし韓国人のおせっかいは否定的な面でだけあらわれているわけではありません。昔話に登場するプロのおせっかい焼き「旅行くソンビ」たちは、自分の命が危険にさらされようと、衆生の命を救い社会の問題を解決してきました。

李秀賢《イスヒョン》という人がいました。2001年東京で、線路に落ちた酔客を救おうとして命を落とした方です。李秀賢さんは、まったく面識もない日本人を救うために、走っている電車の前に飛び込んだのです。

最近はほとんどの地下鉄の駅にホームドアが設けられているためそのような事故はなくなりましたが、韓国では少し前まで、線路に落ちた人を救った市民のことがしばしば報じられました。彼らが共通して言った言葉があります。「他人事だとは思えなくてそうした」です。

見ず知らずの他人のために走ってくる電車の前に飛び出す人たち、交通事故の現場を目にして見過ごすことができず交通整理をはじめたり事故の残骸をかたづけたりする人たち、あの怖いと言われている青少年に向かって酒やタバコをやめろと注意する人たち。

彼らが他人のことに口を出すのは、他人が「他人でないため」です。父や母のように思えて、息子や娘のように思えて、心配をし介入するのです。もちろん相手はそのように考えない場合が多いのですが。

相手が望んでいないのに口を出すのはプライバシー侵害です。また年齢や職位などの立場を利用した口出しはパワハラになりえます。しかし、他人のことに口を出そうとする韓国人の動機は、破片化する現代人の生を支えるつっかい棒になるかもしれず、共通の問題に対処する社会的連帯の出発点になるかもしれません。

IMF通貨危機のときの金を寄付する運動や、泰安《テアン》でのタンカー事故、コロナ危機など、社会が困難に直面したときに光を放ついわゆる「国難克服の遺伝子」、最近アドブルー事態*が起こったときも、消防署のようなところに自分が持っていたアドブルーを置いていく市民がいました。このような現象は、他人のことを他人のことではないと考えないではいられない韓国人の「おせっかい」のせいなのかもしれません。

では日本人はどうでしょうか？　結論から言えば、日本人は他人のことに口を出しません。口を出すことを極度に嫌うとでも言いましょうか。日本人が他人のことに口を出さないのは、何よりも迷惑をかけるのを嫌うという動機の故です。

迷惑は日本人の行動を規定するもっとも重要な社会的規範のひとつであり、「物静かで清潔、そして秩序を守る日本」が作動する原理として理解されています。この「迷惑」が適用される脈絡は韓国人の想像を超えるほど広大です。

たとえば、日本人は自分に与えられた社会的な役割をきちんと果たすことができないことについても、迷惑をかけていると認識するのはもちろん、国家や社会が国民に提供するサービスについても自分が迷惑をかけていると考えるようなのです。

２０１１年の東日本大震災のとき救助されたおばあさんが自分を救ってくれた救助隊員に「迷惑をかけてすみません」と言ったことが話題になったこともあります。２０１５年にイスラム過激派組織ＩＳに拉致されて殺された記者の両親もまたインタビューで「息子の問題で迷惑をかけ申し訳ありません」とこたえていました。

地震のため建物の残骸に何日も閉じこめられたり、愛する息子が遠く離れた他国で殺されたというときも、恐縮しながら社会を考える日本の文化と日本人の精神力に讃辞が送られましたが、別の角度から考えれば、危険から国民の生命と財産を保護するのが国家の存在理由ではないのか、それがそれほど申し訳ないことなのか、と理解できない部分があります。

日本人の迷惑についてのこのような考え方を理解するためには、恩という概念を理解す

＊　２０２１年末、韓国でディーゼル車に補給するアドブルーの原料である尿素が手に入らず、ディーゼル車での運行が制限されるパニックが発生した。

る必要があります。簡単に要約すれば、日本人にとって恩とは、生まれると同時に主君、天皇、国家、一般的な社会と他人の存在から受けた社会的義務を意味します。

また日本には恩返しと言って、受けた恩は必ず返さなければならないという考えがあります。恩を受けても返さなければ、これは恩を授けた相手と社会に大きな迷惑になるからです。このため日本人は自分に与えられた役割を果たすだけでなく、国家や社会から提供されたものに対しても、常に返すことのできない恩を受けた申し訳なさの中で生きていかなければなりません。

もちろん、実際に申し訳ないと感じるというよりは、このような行為の様式が文化的に通用しており、また意思疎通の方法として受け入れられているのです。つまり、先の例にあげた状況で「迷惑をかけて申し訳ない」と言わなければ、日本人はその行動が文化的に適切ではないと受け取る可能性が大きい、ということです。ほとんどの場合、その結果は非難やいじめにつながります。

したがって日本人が他人のことに口を出さない、より根本的な理由は次のようになります。

わたしの口出しがある人にとって恩になる可能性があり、恩を受けた人は必ずそれを返さなければならないが、社会的に受け入れられる水準として恩を返すのが負担となるだけでなく、恩を返さないことはさらに大きな迷惑となるため、最初から他人に影響を与えたり影響を受けたりすることそのものを避けようとする方向で行動するようになるのです。日本人が誰かに奢ってもらうことを嫌い、徹底して割り勘にする理由もここにあります。誰かに食事を奢ってもらえば、次の機会にこちらが奢ってやらなければならないからです。

韓国人の行動様式はこれとはかなり違います。韓国にも、恩は必ず返さなければならないという考えはありますが、日本人に比べればかなり融通性があります。恩は、いつか、その時がくれば、それが可能になれば返せばいいのであって、ひとつ恩を受けたからひとつ返さなければならないというわけではなく、恩を返すことができるまで戦々恐々として日々を過ごさなければならないわけでもありません。

もちろん韓国には、このような点を悪用して、善意で恩を授ける人を食い物にするような人も存在します。このような人に焦点を当てれば、お互い不必要なことには口を出さず、受けただけ与え、与えただけ受け取る日本式の対人関係の方がすっきりしていて合理的に見えるでしょう。しかし他人のことだから、自分が責任をとりたくないから、まわりで起こったことに関心を持たないという態度はまた、他の問題の原因になりえます。

韓国のパワハラ vs 日本のいじめ

いじめは、もっとも日本的な病弊であると言えます。韓国語でワンタや集団タドルリムと訳されるいじめは、江戸時代の村落共同体で行われた村八分を起源にしていると推定されています。村八分とは、村で人々が力を合わせる必要がある10項目（誕生、成人、結婚、葬礼、祭祀、火災、水害、疾病、旅行、建築工事）のうち、葬礼と火災をのぞく8項目について除け者にするという意味です。うちつづく戦争と、地震、津波などの天変地異のため、強力な結集力が必要であった日本の村落共同体は、これを維持するために厳格な規範体系を確立し、規範を破ったものを村落の内部で処罰したのが、村八分です。

韓国人はいじめを主として学校内の暴力という脈絡で理解していますが、「共同体の規範を破った者を懲らしめる」という意味のいじめは、日本社会全般で非常に一般的にあらわれる文化的現象であると言えます。

日本文化の中でいじめはどのような意味を持っているのでしょうか。日本人はいじめによってどのような欲求を充足させているのでしょうか。社会学者・内藤朝雄の『いじめの構造』によれば、いじめの機能は「他人の操縦による全能」と要約できます。他人を思うとおりに操縦することによって全能感を得る、ということです。

統制感の欲求（need for control）は人間のもっとも基本的な欲求のひとつです。生に対する統制は、自分が思ったとおりに、考えたとおりに生きていけるのか、を左右する重要な要素です。自尊心と幸福を決定する重要な要因でもあります。

したがって小さな子供でも、自分の体を支えることができるようになれば統制感を確保しようとします。精神分析家のエリクソンが言う「自律性vs羞恥」の時期です。子供たちが持つ統制感の欲求は、フロイトも強調した排泄訓練*を通して充足されます。

この時期に排便の過程を統制する両親の養育態度によって、子供が経験する統制感の水準に差異が生じます。もちろん排便統制はもっとも基本的な統制行為に該当します。

2～3歳になった子供が言いはじめる「ぼくがやる!!」の大転換パターンがこの過程だと思ってくれれば間違いありません。

この場合、両親の介入は自律と統制というふたつの軸で構成されます。子供の欲求を優

＊　フロイトはある時期に小児性欲が肛門を中心とすると考えた。子供は排便を意識し、コントロールの方法を教えられることによって、適切なときと場所でトイレに行くという「トイレットトレーニング（排泄訓練）」が可能になる。この時期の子供には自己中心的、情動的な傾向が強い。

先する両親は、子供の欲求を充分に受け入れ、みずから統制できるように助けようとするはずですし、統制を優先する両親は規範と原則を強調して子供の欲求を等閑視するはずです。

適切な統制感を経験した子供は自分の行為をうまく調節していきますが、そうできなかった子供は自分が統制感を持つ状況を怖がったり、統制感を経験できる他の方法に執着する可能性があります。そのため精神力動理論では、強迫的性格を肛門期固着的性格とみなします。

第1章の最後に述べたように、日本は子供に対してかなり厳しい訓育を強調する文化です。そして他人に迷惑をかけてはいけない、とか世の中に対する義理のような社会的規範が日常に幅広く適用されています。

日本人の暮らしは、保育園、幼稚園のときからすべてが規格化されています。持っていくカバンの種類も決められており、ハンカチ、オムツに名前を書く位置も定められているほどです。明文化された規則の他にも、地域社会、学校、職場ごとに目に見えない規則がたくさんあります。そのような規則を破った場合は、人々の冷たい視線程度ではすまないことも学習していきます。

一言でいえば、個人が自分の人生で統制感を経験するのが難しい文化です。非常に幼い時期からそうです。しかし統制感の欲求は人間のもっとも重要な欲求のひとつです。そして、基本的な欲求の欠如は否定的な結果を招く可能性があります。

喉が渇いているのに水を飲まないでいた場合、眠たいのに眠らないでいた場合、それで欲求が消えるわけではありません。後になって倍の量の水を飲んだり、眠れなかった分寝続けることになるでしょう。欲求が充足されない間、人間の注意は満たされない欲求に釘付けとなります。


日本のいじめの本質は、欠乏した統制欲求の追求にあると、わたしは考えています。統制感が欠乏した人間は、大概強迫的に周辺を整理したり、たくさんの規則を作ってそれを守ることによって統制感を満足させようとします。強迫的性格とよばれる性格類型です。

そして誰かがその規則に従わないのを見ると、統制感を喪失し憤怒を経験することになります。いじめ加害者によくあらわれる被害意識と憎悪はこのために生じます。

「おまえがおれの言うとおりに動いてくれないからおれの世界が崩壊してしまった」

「おれの世界をメチャクチャにしたおまえが悪い。そんなおまえをただではおかない」

いじめではこのような心理的メカニズムに従って、規則を違反した者に対する膺懲《ようちょう》が正当化されます。彼らを処罰し膺懲することによって自分の統制感（全能感）を極大化するわけです。まわりの人々もまた集団に順応し統制感にあわせて安定感を得ます。

集団でいじめが発生すると、構成員はいじめに同調することを暗黙的に強要されます。無理をして同調するというレベルではなく、喜んで同調して見せなければなりません。集団に喜んで同調しないということは、被害者と同じ立場であることを意味するためです。そうなってしまったら自分自身もその場でいじめの対象となってしまうため、いじめに加担するわけです。いじめはその対象となる被害者の心理構造にも影響を及ぼします。内藤朝雄は、いじめの被害者は「どんなにいじめられても鉄のように固く耐え抜く」という虚しい全能の中で生きていくと分析しています。被害者もまたいじめを通して生に対する統制感を経験するというわけです。

このように、強くなったと自負する被害者は、悲惨な現実を否定します。悲惨な現実を認めることは、結局自分の存在理由を否定することになるからです。このような虚偽の強靱さ（偽の統制感）を具現化しようとすれば、現実の悲惨な真実を絶え間なく否認し否定し続けなければなりません。

また、いじめであらわれる身体的な力（暴力）によるアイデンティティの確認、集団との同一視などは、青少年期の主要な行動特性です。変化する身体的能力と社会的な役割との間でアイデンティティの混乱を感じている青少年が、それなりに他人と区別される身体的優位性によって自分の自我像を確認したり、優越した集団に所属することによって自分のアイデンティティを確保しようとします。

このような姿が日本の主要な文化的類型としてあらわれるということは、日本の個人が絶え間なくアイデンティティの混乱という葛藤にさらされているか、あるいはアイデンティティの確立という欲求に固執しているということを意味していると解釈できるようです。おそらくみずからのアイデンティティを統制感の源泉からの自分ではない、自分が遂行しなければならない社会的な役割から求めなければならない日本文化の属性のためではないかと思います。

では韓国はどうでしょうか？　韓国にもいじめはあります。深刻な学校暴力はもちろん、一部の軍隊や看護師たちの間での集団いやがらせなど、いじめとまったく同じメカニズムによる現象も存在します。学校、軍隊、病院の共通点は、その構成員が個人的な統制感をまったく経験できないというところにあります。しかしいじめを韓国の独特な文化類型とみなすのは困難です。そのかわり、全能感（統制感）の極大化という点で日本のいじめに対応する韓国の文化現象はカプチル（パワハラ）です。

カプチルとは、甲（カプ）と行為（チル）をあわせた言葉です。契約の両当事者を甲、乙と表記することから、韓国では一般的に、社会的強者を「甲」、社会的弱者を「乙」と言っています。契約の両当事者を示す甲と乙が不平等な権力関係をあらわす言葉に使われているわけですが、そこには韓国的な何かが作用しています。

カプチルの本質は「自分の優越的地位によって相手に不当なことを強要する」という点にあります。このような意味でカプチルは韓国社会のほとんどすべての対人関係であらわれてきます。さらには甲のカプチルに腹を立てた乙たちが、自分よりも社会的地位が低い者たちに対して乙の位置からカプチルをするという矛盾した場面もよく目にします。

カプチルの動機もまた、統制感の肥大化だと言えます。欠乏した統制感を充足する韓国的な病理現象です。しかしカプチルの様相はいじめとは異なります。いじめが「集団の規範を違反した個人に対する集団的膺懲《ようちょう》」の性格を帯びているとすれば、カプチルは「自分の社会的地位を誇示しようとする個人的な行為」である点が大きく違っています。

乙を苦しめる理由は、甲である自分にふさわしい処遇をしなかったという点に焦点があります。相手のせいにするというよりは、優越した自分を誇示しそれを感じることがカプチルの心理的機能であると思われます。また、いじめが表にあらわれないような形で行われるのに対し、カプチルは露骨に、まわりの人に見せつけるようにして行われるという違いもあるようです。

被害者の心理にも差異があります。いじめに順応する日本人とは異なり、韓国人はカプチルを甚だしく不当なものと知覚します。相手との地位の差や状況のために一時的に服従しているが、甲の行いを心の中で受け入れたりカプチルを受容しなければならない自分の位置を内面化したりはしません。身分の厳格な区分があった過去の民衆も、辛辣な風刺と諧謔《かいぎゃく》で両班《ヤンバン》（高麗・朝鮮時代の支配層）のカプチルに抵抗してきた歴史を見ると、カプチルに対する現代韓国人の問題提起はむしろ遅すぎたという感があるほどです。「強く耐え抜く」といういじめ被害者の心理は、自分に加えられた不当な被害を自分のせいにし、喪失した統制感を回復しようとするものであるという点で、恨《ハン》の心理的過程と似ているように見える面もあります。

しかし韓国文化での恨は、克服の動機として作用したり、興趣として昇華されるという様相を見せます。否定や幻想などの防御メカニズムを使う個人ももちろんいますが、韓国的な文化の類型であると言うことはできません。

韓国のカプチルで注目すべき点は、乙の立場から見ればあれほど不当であると思われる行為を、甲は何のはばかりもなく実行するという点にあるはずです。わたしは、韓国人には基本的にカプチルの欲求があると見ています。もちろんすべての韓国人がカプチルをする人間だという意味ではありません。すべての日本人がいじめをするわけではないのと同じです。

カプチルは、満天下に自分の統制力を誇示する行為です。つまり、韓国人には、自分が大きな影響力のある人物であるということを他の人に知らしめ、認めてもらいたいという欲求があるという話です。自分は高く評価され影響力のある人物であると思っている人が甲の位置にあるとき、カプチルをする可能性が高くなります。もしその人が乙の立場にあるのなら、非常に悔しい思いをしているはずです。自分がカプチルをしなければならないのにやられているのですから。そのような抑圧された欲求が、自分よりも地位の低い人々に対してあらわれるのが、乙の丙、丁に対するカプチルです。

自己愛性パーソナリティの韓国人 vs 回避性パーソナリティの日本人

韓国と日本の養育方式は特定の類型の性格を生み出すと推定されます。性格とは個人が、持って生まれた気質と環境の中で自分自身を最適化させる行動類型を意味します。気質は個々人がみな違っているはずですが、養育のやり方が類似していれば、性格もある程度予測可能な範囲の中で決定される可能性が大きいと思われます。

性格の類型は、理論と学者によってさまざまですが、ここでは異常心理学の性格障害で区分されている類型を基礎として話を進めていこうと思います。誤解されるかもしれないのであらかじめ述べておきますが、ある国の文化的性格が「障害」だと言いたいわけではありません。

ある社会や文化などにうまく適応している人々にはたくさんの共通点があります。開放性が高く、社交的で、社会的役割に忠実で、うまく感情を調節できる人です。それに対し、なかなか適応できない人の性格には、認知の様式や行動の方式に明らかな差異がある明確な類型が存在します。したがって文化的性格を理解するのに、良い枠になると判断できます。

類型の区分は性格障害から借用しましたが、必ずしも否定的な側面だけを見ていこうというわけではありません。文化心理学者の視点から見た韓国と日本の、ふたつの国の文化の否定的な行動類型についての理解だと思っていただければいいと思います。

序論が長くなりました。わたしが観察したところによると、日本の養育方式で発達しうる性格類型は回避性パーソナリティ（avoidant personality）に近いと判断できます。回避性パーソナリティとは、他の人との出会いに対する不安と怖れのために社会的状況を回避することによって適応に困難をきたす性格のことです。

以下は回避性パーソナリティの「障害」についての説明です。（『精神病理学（未訳）』オ・スソン他、２０１３）

・注意深く、警戒心が強く、恥ずかしがり屋で何事に対しても心配しがちな人に見える。彼らは慣れていない環境や新しいことをおそれ、当惑と不安を避けるために常に慣れ親しんだ環境の中にとどまろうとする。

・可能であれば社会的責任を避けようとし、できるだけ個人的な対面状況を避ける傾向にある。自分が中心的な役割をしないような業務を好み、責任と積極性が要求される職務を務めることが困難である。

・自分に対する他人の否定的な評価をもっともおそれる。批判と不正確なことに耐えることができず、完璧を追求し、事物を調節できるようにするため自分の生の範囲を狭める。

・主たる感情は羞恥心である。内面に愛情に対する強力な願望があるが、その一方で拒絶に対するおそれを持っているため、慢性的に緊張感、不安、悲しみ、挫折感、怒りなどを抱えている傾向がある。侮辱と拒否に過度に敏感であり、あえて隠れてしまうことがあるほどだ。極少数の親しい人と一緒にいるときは、強く執着し頼りきる傾向がある。

・調和のとれない空虚感（虚無）、離人症的な情緒（独白、分裂）と感情を伝達する表現が多い。情緒が外部に表現されないため、これを蓄積し、内部の豊かな幻想と想像の世界で発散する。彼らの情緒・親愛欲求は、詩、音楽、日記……などで表現される。

両親の厳格な養育は他人の評価に敏感な性格類型と直接的な関連があります。両親は子供の行動を最初に評価する人です。子供は両親の反応を通して、自分の行動が適切なのかどうかを判断し、これを他の人に対する行動様式につなげていきます。

両親の反応が否定的であれば、他の人のことは言うまでもないことです。自分の行動が迷惑をかけるのではないかと常に注意し続け、規律を破ったときには強い羞恥心を感じる子供の性格類型が、回避性パーソナリティです。

さまざまな文化比較研究が繰り返し報告している日本人の低い自尊感、恥の文化、完璧主義、対人恐怖症（ひきこもり）などは、回避性パーソナリティの典型的な特性だと言えます。

また回避性パーソナリティを持つ人が使用する防御メカニズムが幻想（fantasy）である点は、日本文化を理解する上で多くの示唆を与えます。幻想は現実で充足しえない欲求と願望を、自分が作りだした幻想の中で充足するという防御メカニズムです。

幻想は、現実においては不適切であったり不都合であると感じられたり達成するのが不可能な愛情、攻撃性、その他の衝動を排出させてくれる安全な手段です。日本でアニメーションとゲーム産業が大きく発達した理由はここに求めることができるのではないでしょうか。文化とは欲求充足の体系なのですから。

もちろん回避性パーソナリティの長所は、職人気質に代表される完璧主義と、静かで秩序のある社会の雰囲気であるはずです。評価に敏感なため、非常に高い評価基準にもこたえられる高いレベルを維持するはずです。内面に分け入りながら発達していく豊かな想像力もまた回避性パーソナリティの長所のひとつです。

では養育態度から予測される韓国人の性格類型は何なのでしょうか？　何でも言うことを聞く養育方式は、自己愛性パーソナリティ（narcissistic personality）の原因と考えられています。

次に引用するのは、自己愛性パーソナリティ「障害」についての説明です。（『精神病理学』オ・スソン他、２０１３）

- 自分に対して誇張した評価をし、特権意識を持ち、他人に対して搾取《さくしゅ》的、あるいは傲慢《ごうまん》な態度を取る。他人の権利、感情、要求に関心がなかったり、それを我慢することができない。極端な場合、他人の権利と福祉を無視することを恥ずかしいと思わず、自分の欲求を充足したり自己強化のために他人を利用する。
- 自分に対する他人の評価よりも自分を顕著に過大評価し、雄大な自己像に執着し、人より優れること、成功を夢見る。自分の能力を誇張し、失敗をむりやり成功と評価し、自分の価値を拡大し、自分が感じていることを正当化する。

・気分がいいときは快活で楽天的に見えるが、自信が揺れ動くと怒り、羞恥心、虚しさ、憂鬱などを経験する。

まず最初に思いうかぶのはやはりカプチルです。特権意識を持って「乙」たちに対し搾取的な行動をとるカプチル。韓国人がみなカプチルをするわけではないですが、カプチルが韓国の重要な文化現象であることは間違いありません。

もちろん自己愛性パーソナリティの長所は、何よりも高い自己肯定感をもとにした強い自己弾力性でしょう。自己愛が高い人は、失敗と挑戦をおそれず、自分のせいにするよりはほとんどの場合外部にその理由を求め、自分を取り巻く条件を絶え間なく改善しようとしていきます。積極的な対人関係からはじまる自己表現と交流の文化もまた自己愛的パーソナリティの長所です。

文化心理学では、韓国人の性格の特質を高い「自己肯定感」と考えています。この自己肯定感は、自己愛に由来するものと推定されています。次に、自己愛についての精神力動理論のひとつである対象関係理論を説明しましょう。

フロイトは、自己愛は乳児期に形成されると述べています。乳児期の、自身と対象(object)を区別する能力がまだない状態であらわれる現象が自己愛の最初の姿です。満足の根源が外部にあるにもかかわらず(お腹が空いたときに母が乳をくれる)、乳児はこれを区分する能力がないため、充足された欲求を自分が創造したものであると感じます。子供は成長の過程で「適切な挫折」を通して、満足の根源が自身ではない対象（母親）であることを覚り、現実的な自己認識をするようになります。このとき子供は、失われた自己愛の代替物として、自我理想（ego ideal）を形成します。自我理想は、感嘆、願望の対象となる理想化された基準、目標、アイデンティティで構成されます。つまり、自己理想は、理想的な人間になることを望み、計画する内面の自分自身であるということができます。

理想の成就は自尊感と満足感を高めてくれますが、逆に理想の期待に沿った生を生きることができないことは羞恥心を生み出す可能性があります。韓国人が「自尊心が傷つけられる」ことに敏感になったり、「恨《ハン》」などの感情は現実の生が理想的自己像と一致しないときに経験する羞恥心と関連があると思われ、「無視されたとき」の激しい怒りや他人の評価に過度に敏感な属性なども自己愛の病理的側面と類似性があります。

こうして見ていくと、文化の差異を呼び起こすもっとも基本的な差異は、両親の子供に対する態度にあると思われます。人間の思考方式、感情表現方式、行為の様式の大部分は両親から学ぶものだからです。

韓国人の同一視 vs 日本人の幻想

防御メカニズムは欲求の挫折による不安から自我を保護するための無意識的なメカニズムです。文化は欲求充足の体系です。当然、充足できない欲求を処理したり、対応する体系もそこにはあります。わたしが文化と防御メカニズムについて考えるようになったのは、パク・ヨンスクの研究『ことわざから見た韓国人の防御メカニズム（未訳）』を読んでからです。ウイルヘルム・ヴントが『民族心理学』で主張しているように、ことわざには、神話や伝説、童話のように、該当民族の無意識的な欲求とこれに対する解決方法、自我を防御する方法が提示されていると予想されます。

研究者は８０００個のことわざの中から、内容が防御メカニズムと関連しているもの８００個をまず選び出し、ふたりの心理学者と四人の精神科専門医の評価を経て、最終的に５８７個のことわざを分析し、これを頻度によって10の防御メカニズム、総計５３１個のことわざに整理しました。頻度順に１位から5位まであげると、反動形成（１８３／34・5％）、同一視（67／12・6％）、受動－攻撃（63／11・8％）、投射（47／8・9％）、転置（32／6・0％）です。頻度がもっとも多かった反動形成は、「からっぽの荷車ほどうるさい」「水を飲んで肉を食べたようにゲップをする」「貧しいほど瓦屋根の家を建てる」など、自分の現在の状態と正反対の行動をとるという特徴があります。

つまり、うまくやっている振りをしたり、虚勢に該当するものが大部分です。虚勢は、個人が感じている劣等感や相対的な剥奪感を埋めるための補償的な試みと見ることができます。このような虚勢のことわざは、過度な自己誇示や、見せかけの重視、中身がないことを示しているため、内的な状態に対する反動形成と見て、「反動形成」という防御メカニズムに分類したようです。

一方、反動形成に該当することわざは、現在の自分を、自分より富裕であり優越しているある対象と同一視することだと見ることもできるようです。ことわざの中で12・6％を占め二番目に多い同一視は、優越した対象（両親、成功した人など）と自分を同一視して欲求の挫折や愛情の喪失による不安に対処する防御メカニズムです。

研究者は「友だちについて江南《カンナム》へ行く」「誰かが市場に行くというので肥桶をかついでついていく」「嫁が老いれば姑になる」「ザリガニはカニの味方だ」などのことわざを同一視に分類していますが、これに「反動形成」に分類されたことわざを含めれば、47・2％に該当することわざが同一視に含まれることになります。

このような防御メカニズムは、現代の韓国社会での独特な現象としてあげられている、誇示性消費や、はやい速度で伝播する特定の製品や業種の流行などと関連があると思われます。前述したように、韓国人は自己価値を高く評価する自己愛的性格が顕著です。

自分を誇示したいと思い認められたいという欲求が非常に強い場合、あるいはこのような欲求が充足されないとき、韓国人は自分より優越した位置にある人との「同一視」という防御メカニズムを使用すると見ることができます。

持ち家があるわけでもないのに総合不動産税の心配をしたり、本人は最低賃金にも満たない賃金しか稼いでいないのに最低賃金のために経済が亡ぶと主張する人々、隣人同士の争いから国際紛争にいたるまでさまざまな次元の争いに対して力のある方の立場を代弁する人があらわれるのもやはり同一視と関係があると思われます。近代以前の事大主義者(中国に従属して保身を図った高麗・朝鮮王朝の支配層)や近代以後の親日派(日本による20世紀前半の植民地支配に協力した人々)の立場も同じ脈絡から解釈できると思われます。

精神力動理論によれば、同一視は、自身に不安をもたらす対象に対する攻撃的情緒を減少させることによって、凝集力のある集団の形成と維持に重要な役割を果たし、対象からの独立と退行の間の葛藤を緩和させる機能を持っています。

この点から考えて、韓国文化における同一視の機能は、自己肯定感が高い人々との関係の維持が優先される文化で生きながら、関係の維持と否定的情緒の解消というふたつの目標を充足するものだと推定できます。

三番目に多い、受動‐攻撃（11・8％）には、「道を行けというから山へ行く」「食べたくない飯に灰を撒《ま》く」「寝ている口に黄粉を入れる」「負けん気によってネズミを捕る」などのことわざが含まれます。受動‐攻撃は、他人の関心を引いたり、競争的な関係を回避するための防御メカニズムで、関係を維持してはくれるものの現実への適応や個人の欲求充足は犠牲にされるという特徴がある防御メカニズムです。また受動的、間接的に攻撃をするため、対象に苦痛をもたらすという特徴もあります。受動‐攻撃は、対象に対する迂回的攻撃という側面から、風刺と諧謔《かいぎゃく》という韓国文化のひとつの軸と密接な関係があるように見えます。その他にも、自分が他人に対して持っている受け入れがたい考えや感情を他人に投影し他人がそのような考えや感情を持っているとみなす投射（projection）、社会的に受け入れがたい衝動や態度を他の対象に置き換えて不安を解消しようとする転置（displacement）などは、多くの学者によって韓国人の文化的行為様式としてあげられている言い逃れや、最近増加している通り魔犯罪を連想させます。

ことわざの研究では分類されませんでしたが、もともと自己愛性パーソナリティ障害を持つ人が主として使用する防御メカニズムとしては、合理化（rationalization）があげられます。合理化は、行動の理由が正当ではなく良心の呵責《かしゃく》を感じたときに、社会的に認められているそれらしい理由をつけて自分の行動を正当化するものです。合理化の機能は罪悪感を減らし自己肯定感を維持するところにあります。現実を歪曲しても自分を保護しようとする動機からはじまる防御メカニズムです。言い訳をしたり、マスコミを通してしばしば報じられる特定の集団のネロナムブル（自分がやればロマンスだと擁護し、他人がやれば不倫だと非難する）、「おれのときは～」などの言辞で自分の行動を正当化するいわゆるコンデ（頑固おやじ）たちの無意識的な動機などがこれに該当すると言えます。

では日本の文化的防御メカニズムにはどんなものがあるのでしょうか？　残念ながら日本のことわざと防御メカニズムについての研究を見つけることはできませんでした。ただ、ここまで述べたことから類推されるふたつの国の文化的性格をもとに、回避的性格の人々が主として使用すると推測される類型の防御メカニズムをあげてみました。

幻想あるいは白日夢（fantasy & daydreaming）。この種の防御メカニズムは、現実に直面することを回避し、想像の中で生きていくことを意味します。想像の中では、苦しく辛い現実を忘れることができ、現実のあらゆる障害や困難を無視し、克服できるという考えが、安定感と喜びを与えてくれます。

自他共に公認する日本の文化コンテンツはアニメーションです。アニメーションは時間と空間の制約を受ける必要もなく、日本人ならば守らなければならない日本の文化的規範と行為様式に従う必要もありません。だからアニメーションというコンテンツは、日本人に無尽蔵の白日夢の場を提供しているのです。

アニメーションが日本を代表する文化になった背景には、現実との直接的な葛藤を回避しようという日本人の動機が優先的な前提として存在していると思います。わたしが偶然見た日本のドラマ『世にも奇妙な物語』のあるエピソードに、印象的な場面がありました。

年を取り職場から退職を迫られたある老人が登場します。老人は突然変わってしまった自分の境遇に悲観しますが、新しい職場を探すのは難しく、人々は老人に関心を寄せようとはしません。憂鬱になった老人は地下鉄で居眠りをしますが、目を覚ますと電車は見知らぬ場所を走っています。駅で降りた老人の前に、アニメーション『ちびまる子ちゃん』の主人公まる子が2Dの漫画の姿そのままであらわれます。老人はまる子と一緒にまる子の家へ行き、あたたかい家族の情がこもった夕食をともにします。老人の孫娘はTVを通してその場面を目にします。漫画の中で暮らしたいという老人に対して、まる子は「家族のところに帰りなさい」と言って、老人を送り出します。老人が目を覚まします。戻ってきた家の前には、連絡が付かなくて老人を探しに出た娘、娘婿、孫娘が待っていました。彼らは老人に「これからは一緒に住もう」と言って笑いかけます。

この、一編の童話のような物語は、日本人の葛藤解決の方法を示しています。彼らは顔を合わせて声を高めたり、顔を赤らめたりすることなく、想像の中の世界で非常に美しく葛藤を解決します。現実にこのような結末を期待するのは難しいのですが。

日本人は苦痛に満ちた現実に直面するのを避けたがっているようです。是枝裕和監督の『誰も知らない』や、同監督の2018年にパルム・ドール（最高賞）を獲得した『万引き家族』が描き出した日本の憂鬱な現実は、日本で徹底的に無視されました。日本の恥部をえぐり出すのは好ましくない、というのです。

最近の日本アニメーションのトレンドは「異世界もの」です。現実の非常に平凡な、あるいは平均以下の主人公が突然異世界に行きます。その世界では主人公は、どういうわけか魅力的な容貌と優れた能力を持っています。彼は迫り来るいかなる問題も簡単に解決し、異世界の英雄になります。防御メカニズムとしての白日夢の学術的定義が、まさにここにあります。分離（detachment）や孤立（isolation）なども、日本文化に関連して思いうかぶ防御メカニズムです。分離は、苦痛に満ちた不安を起こす感覚を防ぐためにその感情を分離させることであり、孤立は緊張と不安を与える状況から自分自身を撤収させる防御メカニズムです。つまり、ある状況から抜け出すために、苦痛に満ちた感情を分離し、自分を精神的に孤立させるという行為の様式です。社会的な役割や、親密でない人間関係がもたらす不安から抜け出すためです。１２０万人と推定されている日本のひきこもりは、分離と孤立を選択して白日夢にひたって生きていく人間類型だと言うことができます。

防御メカニズムは、自我に危機が訪れたときに無意識のうちに作動するものです。ただ、ある文化において学習される価値と行動様式が、特定の類型の無意識的防御メカニズムを作り出す可能性がある、という話です。当然のことですが、すべての韓国人、日本人がこのような病理的行為様式を見せるという話ではないので、誤解しないようにお願いします。

感情的な韓国人 vs 理性的な日本人

韓国人と日本人の差異についてたくさんの言及がなされてきましたが、その中に、日本人は理性的で韓国人は感情的だ、という説があります。特に日本が外交問題などで韓国の反応を批判するときによく出てくる主張です。日本が理性的なのに対し韓国は感情的に反応しているというわけです。

このような主張は一見正しそうに見えます。実際日本人は感情の表現が少ないと知られています。日本人を対象にしたある比較文化心理学の研究では、集団主義文化を代表する日本人の感情表現は、その幅や頻度が個人主義文化圏に比して確実に少ないという結果が出ています。

個人的に日本人の感情表現について考えるようになった契機は、２０１１年の東日本大震災でした。ＴＶに、津波によって息子を失った若い母親のインタビューが映し出されていました。当時の状況を説明していた日本の母親は、押し寄せてくる悲しみにもかかわらず、カメラに向かって笑ってみせていました。

わたしは韓国人として、その日本の母親の感情が理解できませんでした。息子を失った親の心情を思うだけで喉がつまり手足が震えるほどなのに、笑みを見せることができるとは。わたしには想像を超える光景でした。

数年後、韓国で修学旅行に行った生徒たちが船に閉じこめられたまま死んでしまうという不幸な事故がありました。韓国の親たちは地べたに座り込んで足をバタバタさせながら声を限りに慟哭《どうこく》していました。これを見た高位関係者が「けだもののように泣き叫んでいる」と表現して問題になったことがありました。

文化は構成員の感情表現の方式を決定します。該当する文化で好まれる価値によって、特定の情緒の表現が抑制されたり推奨されたりします。これを文化的表出規則（cultural display rule）と呼びます。

比較文化心理学では、大体個人主義文化圏では感情表現が大きくその頻度も多いのに対し、集団主義文化圏では感情表現の大きさも小さくその頻度も少ないと言われています。当然、個人主義文化圏内でも、集団主義文化圏内でも差異は存在します。

実際、その代表的な事例が、集団主義文化圏の中での、韓国と日本の差異です。韓国と日本の感情表現の差異は、いま述べたように特に悲しいときの表現において特徴的です。

集団主義文化圏に属しているので、韓国人も対外的に過度の感情表現は自制している方です。しかし日本人との比較となると、事情が異なります。韓国人は、悲しみはもちろん、怒りや自己顕示など、集団主義文化圏では集団の調和を疎外するという理由で表現を自制しなければならない情緒を、はるかに多く表現します。

もちろんそのような表現が可能となる状況と脈絡があります。見ず知らずの人の前や公的関係にある人を前にしたときは、感情表現をおさえますが、家族、親戚、友人のような私的関係にある人に対しては、かなり率直に、はばかることなく感情を露出します。

日本人とはこの点での差異が大きいと考えられます。日本人は家族や友人のような、よく知っている人であっても、彼らに自分の個人的な感情を表現するのを控える傾向が強いと言えます。そのかわり、自分の社会的役割にふさわしい、あるいはまわりの人が自分に期待するやり方で感情を表現します。

このような日本人の感情表現が建前です。本心である本音は、家族や配偶者にも明かしません。ジャパニーズスマイル（Japanese smile）という言葉があるほど、見ず知らずの人に対しても常に見せる親切な微笑は、日本を代表する文化です。

これは相手に悪い印象や迷惑をかけないために見せる微笑です。東日本大震災のインタビューで見た日本の母親の微笑がこれです。もちろん日本人は、その微笑の裏にある悲しみを理解し、それほど大きな悲しみにもかかわらず笑みを見せることのできる母親の自制心に感動するはずです。

しかし感情表現の抑制が、精神の健康に良くないというのは、心理学の常識です。日本文化を支配している感情の隠蔽《いんぺい》と抑制という規範は、さまざまな副作用を生み出しています。感情表現を抑制するためにストレスを受けたり、感情表現不能症（スマイルマスク症候群など）にかかったり、外では怒りのような感情を抑制しているため家族や愛する人に爆発したりする場合もあります。

日本の親は子供たちに対しても感情表現を抑制する傾向が濃くあります。そのかわり規則を破ったときには非常に厳格な訓育を行います。子供は親の認定と共感の中で自分の感情を理解し、多様な脈絡で自分を認識し表現する方法を学んでいきます。ですからこのような養育方式は、子供の共感能力に影響を及ぼす可能性があります。

心理学には心の理論というものがあります。心の理論とは、相手の心を読み取る能力を意味します。最近数十年の研究によって、心理学者たちは、満3〜5歳のときにこの能力が画期的に発達することを明らかにしました。

しかし日本の子供の場合、この能力が他の国の子供に比べ平均して4ヶ月から11ヶ月、最大2年近く遅いという研究結果があらわれ、日本の心理学者に衝撃を与えました。韓国と中国の子供は、同時期の西欧の子供より共感能力の発達がはやかったにもかかわらず、です。

これは、日本の子供の共感能力発達が遅い原因として、集団主義文化や東アジアの文化的共通点ではない日本文化だけの特性が作用していることを意味しています。日本の心理学者がこの原因として注目しているのが、過度に厳格な日本の訓育です。前述したように、日本の親は社会的価値に付合する子供に育てるため、厳格な養育方式をとっています。心理学者の松井洋の研究によれば、「親との仲が良くない」「親を尊敬していない」「親との会話がない」などの項目で、日本は韓国、中国、アメリカ、トルコなどの6ヵ国のなかでもっとも否定的な回答が出てきました。過去にわたしが参加した研究でも、日本の大学生は両親から褒められた記憶が、韓国の学生に比べ顕著に少ないという結果が出ました。

幼い頃から、子供の要求に敏感に対応し、ときにはやりすぎだと思えるほどわがままを聞いてやる韓国の養育態度は、高い共感水準と自己肯定感につながります。社交的で自我弾力性が高い性格になりやすいと言えるでしょう。もちろん日本人は、韓国の親は子供の教育をきちんとやっていないと考えるはずです。

しかし不足する感情交流と厳格な養育は、他の人の評価をおそれ、葛藤を回避する性格を作ってしまう可能性が大きいと言えます。自己肯定感もかなり低くなるでしょう。新しいことに挑戦するよりも、現実に安住したり幻想の中に逃避するという方向を選択することもありえます。

感情を過度に抑制することのもっとも否定的な側面は、これが感情の回避につながるという点です。いわゆる理智化(intellectualization)という防御メカニズムです。理智化は、苦痛に満ちた現実から逃避するために、感情や態度を孤立させ、問題に対して理論的な方向からだけ接近しようとする傾向を意味します。

この防御メカニズムを使用する人々は、不安を感じたり、悲しかったり、腹が立ったとき、自分の経験を理性的に解釈し、客観化することによって苦痛から逃れようとします。知性的な語彙を過度に使用したり、抽象的かつ無味乾燥な細部の説明を展開したりなど、状況につながる感情を遮断しようとします。

何度も述べたように、日本は感情の表現を大きく制限する文化を持っています。感情を表出することは不快で、レベルの低い行動であると感じられるため、自分が感じている感情を受け入れて表現するよりは、理智化に関連する行動様式によって処理する可能性が高くなります。葛藤の前で原論的な話を繰り返したり、問題そのものがないかのように振舞ってしまうのです。

一方韓国人の場合は、感情の調節が問題となる場合が多くなります。感情が激しくなると、かなり極端な行動につながる可能性が大きくなります。これは、日本人の理智化と比較して、行動化（acting-out）という防御メカニズムであると理解できそうです。

行動化は、反社会的な性格障害のある人が主として使用する防御メカニズムです。もちろん韓国人が反社会的性格障害だという話ではなく、反社会的性格のある属性、たとえば相手の意図とは関係なく自分の主張を貫徹しようとする性向が、韓国人の文化的性格（主体性自己）に関連しているためにあらわれる現象ではないかと思います。自分の願望が挫折したとき、不安と怒りが直接行動として飛び出してくるのが行動化なのですから。

このような性格の人は、ときには一歩さがって冷徹に状況を観察する必要があるのは確かです。しかし日本人が常に理性的だという主張には同意しかねます。日本人がそれほど理性的であるのならば、書店の真ん中に嫌韓コーナーを別に設けたり、嫌韓デモを繰り広げるわけがないのですから。

逆に見れば、常に「理性的だと主張する」日本人の行為の様式は、自分の感情を認識するのが困難で、感情を表現することを不安に思うところから出てきた可能性が大きいと言えます。そのような性格の人に必要な助言は、直面です。自分の感情を認め、その感情がどこからきたのかを省察し、受け入れることです。それがどれほど自分の恥ずかしい部分から出てきたものであっても、です。

韓国人の火病
vs
日本人の対人恐怖症

ＤＳＭ（Diagnostic and Statistical Manual of Mental Disorder）は、心理学で使用されている精神障害の診断および統計便覧です。１９５２年に初版が出て以後、現在第５版が使われています。１９９４年に改正されたＤＳＭ－４版では、当時心理学界で高かった文化に対する関心を反映して「文化依存症候群」という分類が追加されました。

この分類には、マレーシア、インドネシアなど東南アジア文化圏で主として発生する、決定的な暴力衝動であるアモック（amok）、中国の南部と東南アジアであらわれる、男根が収縮してお腹の中に入ってしまい、そのために死ぬかもしれないという極端な不安にかられるコロ（Koro）など、特定の文化に起因すると推定される25の精神疾患が紹介されています。

ここには、韓国の火病《ファピョン》（Hwabyung）と日本の対人恐怖症（Taijinkyofusho）が含まれています。ここでは、韓国と日本の文化依存症候群と、両国の文化心理について述べていこうと思います。

火病は、『朝鮮王朝実録』にも記録が残っている、韓国固有（？）の精神疾患です。思悼世子《サドセジャ》（朝鮮王朝の第21代王、英祖《ヨンジョ》の次男）、恵慶宮洪氏《ヘギョングンホンシ》（思悼世子の正室で、第22代王正祖《チョンジョ》の実母）、粛宗《スクチョン》（第19代王）、明成皇后《ミョンソンファンフ》（第26代王、高宗《コジョン》の妃）らが火病（火症）を患ったと伝えられています。精神医学は火病を、衝撃的なことによって生じた怒りまたは憤怒を抑制した結果あらわれる慢性的な心因性疾病と規定しています。消化不良と頭痛などを誘発する一般的な神経症とは異なり、胸が詰まるような感覚、熱、喉と胸に塊が生じるなどの身体的症状を同伴します。

火病の原因は「憤怒の抑制」であると推定されます。火病にかかった人にインタビューしてみると、オグル（悔しい）という思いをし、その怒りをきちんと表出できない場合が大部分です。火病患者が訴える、胸にひっかかった塊は、この表出できない怒りだと言えます。

したがって、火病が韓国の文化的精神障害であるならば、火病は、怒りのような感情の表出を抑制しなければならない韓国の文化的相対性に起因すると言えるでしょう。普通韓国をはじめとする集団主義文化では、否定的情緒の表現を制限する情緒表現規則があります。腹が立ったからといって、時と場所にかまわず怒りを表出すれば、集団の調和を害してしまうからでしょう。個人主義文化では個人の感情表現が勧奨されているのとは対比される現象です。

しかしおかしな点があります。中国や日本も集団主義文化に分類されているのに、どうして中国や日本には火病に該当する症状があらわれないのでしょうか？　韓国文化の感情抑制圧力が他の国よりも強いのでしょうか？　そうでなければ韓国人にはオグルで腹の立つことが他の国と比べて多いのでしょうか？　ここに、より詳細な文化の理解が必要となる理由があります。

火病については、その原因となるオグルについての理解が先行する必要があります。オグルは非常に韓国的な情緒です。オグルは普通「depression」と訳されますが、憂鬱(depression)とはまったく異なる情緒です。憂鬱のように沈滞し沈み込んだ感覚ではなく、怒りともどかしさがあい混ざった非常に活性化された感情です。

文化心理学では、このオグルの原因を、自分が経験した主観的不当性（unfairness）にあると考えます。自分が経験した被害や不利益が不当であると感じられるとき、韓国人には「オグル」という感情が生じるのです。そしてこの不当性が解決されないとき、オグルはさらに大きくなります。

つまり、オグルとは、不当さに対する知覚に加え、解決されない状況に対するもどかしさと怒りが追加された感情です。火病はこのような怒りを表出できない、オグルでもどかしい状況に改善の余地がないときに発生します。

火病が、家父長的文化によって意見や感情の表現が難しかった過去の母親たちや、教育水準が低く自分の状態を明確に説明できない人々、そして社会的階層のためにどこにも感情を表出するところがない中年男性に多くあらわれる理由がここにあります。

最後に、火病の原因となるオグルのより本質的な属性は、その感情が非常に「主観的」な経験である点にあります。主観性は韓国人の心の質を規定する重要な特徴として理解されています。

韓国人は、自分が受け入れるのは不当だと思ったとき、オグルを感じます。他人がどのように考えようと、客観的な状況がどうであろうと重要ではありません。したがって他の人が見ればまったくオグルと思う必然性がない人も、たとえば史上初の国政壟断《ろうだん》*をしでかした崔順実《チェスンシル》でさえ「わたしはオグルだ」と叫ぶことができるのです。

家父長的な文化と、教育水準が低い人々、そして話をする対象がない中年男性は韓国に限定されているわけでもないにもかかわらず、火病が韓国を代表する文化的精神障害となった理由はここにあります。韓国人に類型化された文化的感情の経験方式が火病に影響を与えているためです。

今度は日本の文化依存症候群である対人恐怖症を見ていくことにしましょう。この精神障害の独特な点は「恐怖の方向性」にあります。普通、社会的脈絡で経験される恐怖は、社会恐怖症と分類されます。これは、自分の行動が評価される状況で、他の人の視線と評価のために不安と恐怖を感じることを言います。

ところが日本の対人恐怖症は、他の人からの恐怖ではなく、自分が他の人に被害を及ぼすかもしれないという恐怖を感じる点が異なります。たとえば、対人恐怖症患者は、自分の外見や体臭が他の人に不快感を与えるのではないかと恐れ、公共の場に出ることができなくなります。そのため対人恐怖症を「加害懸念型社会恐怖症」と言ったりもします。

比較文化心理学の研究によれば、自分を集団に属す存在であると認識する相互協調的自己観（interdependent self）を持つ人はこのような類型の対人恐怖症にかかりやすくなります。東洋の集団主義文化圏ではある程度一般的にあらわれうる精神障害だということです。それにもかかわらず対人恐怖症が日本を代表する文化依存症候群になったのは、この精神障害が日本文化の影響によって類型化された日本人の心理的特性を反映しているためであるはずです。この点を理解しうる日本文化の一側面が、まさに迷惑文化なのです。

日本人は他人に迷惑をかけてはならないという考えが非常に強いと言えます。日本の街が清潔で、人々が秩序を保っているのは、この迷惑文化のおかげです。ところが、この迷惑という概念が、日本では非常に範囲が広くなっています。日本人は、自分に与えられた社会的な役割を果たすことができないことも迷惑だと考えているようです。

＊　「朴槿恵政府の崔順実などの民間人による国政壟断疑惑事件」のこと。２０１６年10月に表面化した韓国の朴槿恵大統領とその友人で実業家の崔順実を中心とした政治スキャンダル。

日本では自分の役割として定められたことに忠実であらねばならないという考えが非常に重要な価値として受け入れられているためです。たとえば、大学を卒業しても就職できなかったり、適齢期になっているのに結婚をしないなど、社会的に期待されている行動ができないことそのものが迷惑であり、恥ずかしいことだと考えます。

もちろんこのような種類の文化的圧力は、韓国や他の国にもあります。しかし韓国や他の国で、対人恐怖症が文化的に目立った症状とならない理由は、このような状況を受け入れる心理的過程が異なるからです。

日本人の心の経験方式は対象的自己、つまり行為の主体としてではなく、外部で起こったことを受け入れる存在としての自己認識からはじまると推定されます。このような属性は、直接的な表現を避け、「事態がそのようにならざるをえなかったこと」を強調する日本語の表現にもよくあらわれています。したがって個人の行動を規定する社会的規範と他人の視線は、日本人の心理経験を理解しうる重要な基準になります。つまり、日本人は自分の行為が社会的基準に及ばないとき、極度の不安を感じるようになります。

自分の存在自体が迷惑になると考える人は、他の人に会う状況を何としても避けようとします。家の外に出ず、自分の部屋の中でだけ暮らし続ける「ひきこもり」が日本の重要な社会的問題になった理由はここにあります。

山に入る自然人 vs 部屋に入るひきこもり

社会生活を拒否し、長期間家の中に閉じこもる人を意味する「ひきこもり」は日本の典型的な社会問題です。ひきこもりは１９７０年代から日本の社会であらわれはじめ、景気の沈滞がはじまった１９９０年代のはじめから深刻な社会問題として浮上してきました。２０１９年の内閣府の統計によれば、日本のひきこもりは１２０万人で、日本の人口の１％に該当するほどです。

ひきこもりは大概10代の半ばか後半にはじまります。彼らはその状態のまま年を取り、中年になることもあります。現在のひきこもりの中で、中年（40〜64歳）は半分を超える61万人であると推計されています。30年ほど前にひきこもり生活をはじめた青少年が、いま中年になったと見ることができます。

ひきこもりの原因としては、厳しい競争社会に対する恐れ、学校や会社で感じる孤立感、集団的な嫌がらせやいじめの経験、家族間の関係で受けた傷、過度な両親への依存、深刻な自信欠如による自虐的な心理状態などがあげられます。

日本にひきこもりがあらわれはじめた1990年代は、バブル崩壊以後本格的な景気沈滞がはじまった時点です。アメリカの「ワシントン・ポスト」は、長期的な景気沈滞以後、高度成長を支えてきた世代とそうでない世代の間の適応力の差がひきこもりという社会現象としてあらわれた、と診断しています。

その他にも、迷惑をかけてはならないという迷惑文化、人は自分に与えられた本分に忠実でなければならずそれを果たすことができない場合を恥と感じる雰囲気、日本特有のいじめ、個人的な感情の表現を制限する社会的な規範などがひきこもりを作り出していると言えます。

彼らは生計を維持するための経済活動をはじめ、一切の社会活動を拒否しているため、親の助けがなければ生きていくことができません。このため日本では、親の年齢が80歳を超える中年ひきこもりの問題がだんだんと深刻化しています。親が死亡すれば、ひきこもりの子供たちはそれ以上、生きていけなくなるからです。

もちろん韓国にもこのような人はいます。韓国では「隠遁《いんとん》型ひとりぼっち」と呼ばれています。就職難などによって社会から大きな傷を負い、インターネット、スマートフォンなどを通してわざわざ外へ出なくても不便を感じなくてすむようになったため、韓国にも「隠遁型ひとりぼっち」が増えていると言われています。

ひきこもり研究者のヨ・インジュン東南《トンナム》精神科医院院長は、「日本のひきこもりがエスプレッソだとすれば、韓国の隠遁型ひとりぼっちはカフェラテ」だと表現しています。その頻度や症状の面で日本のひきこもりの方がより深刻だという意味だと思います。

村上龍の小説『最後の家族』には、社会生活に適応できずひきこもりとなった息子、秀樹の話が出てきます。秀樹は、学校と職場で傷つけられ、部屋に閉じこもるようになるのですが、小説で描写されている彼の言葉と行動から、ひきこもりの心理をうかがうことができます。

彼は外部との接触を遮断したまま生活しています。太陽の光が窓から入ってくることも嫌い、黒い紙で窓を覆ってしまいます。彼の唯一の趣味であり活動は、その紙に小さな穴をあけて写真を撮ることです。

フィルムを買ったり、写真を現像するためにわずかの間外に出るときも、自分の体から不快な臭いが出るのを恐れて幾度もシャワーを浴び、人通りがなくなる真夜中に出かけます。それ以外の時間は、自分の部屋から一歩も外に出ようとせず、食事も母親が部屋まで運びます。彼が家族と交わす意思疎通は、次のおかずは何にしてほしい、というメモがすべてです。

わたしが印象深く記憶しているのは、秀樹の自己認識です。彼は、ひきこもりになった自分が家族をはじめ他の人にとって迷惑な存在であると考え、苦しみます。このような思考は、映画『嫌われ松子の一生』にも出てきます。

家族に捨てられ、生涯自分を愛してくれる人を探すがそれを果たせず、松子は結局ひきこもりになります。日に日に精神が疲弊していき、松子はある日幻覚の中で狂ったように、壁に「生まれて、すみません」という文字を書き付けます。

「生まれて、すみません」というのは、日本の作家太宰治の短編『二十世紀旗手』に出てくる表現です。太宰治の生まれ変わりとの評価を受けた松子の最初の愛人、徹也は、この言葉を残して松子の目の前で列車に飛び込み自殺をします。

繰り返される愛の失敗に絶望した松子の選択はひきこもりでした。自分の人生がそうなった理由が「わたしが生まれたため」だという松子の絶望的な身震いがわたしを圧倒した場面でした。

まさにこの点がひきこもりと韓国の隠遁型ひとりぼっちを分かつ重要な基準です。社会生活で傷つけられ、自分だけの空間に隠れるというのは、文化普遍的な現象です。それ以上傷つけられないように、みずからを保護するための行動です。

しかし少なくともわたしが知っている韓国人は、自分が傷つけられた理由を自分自身の存在のせいにはしません。わたしに傷を与えた人を怨み、わたしをこんな風にした社会に怒ったとしても、です。

厳密に言えば、韓国人も、まったくどうすることもできない傷を自分のせいだと考えます。恨《ハン》です。恨は、自分が経験した否定的事件の原因を自分に求め、激烈な憤怒と関係の損傷など否定的な結果から抜け出そうとする韓国人の精神的防御メカニズムだと言うことができます。

しかし、同じように自分のせいにしたとしても、恨の場合は違います。恨は、事態がこのようになった理由を自分の「存在」のせいにはしません。自分の「能力や努力不足」のような統制可能な領域にその原因を求めます。

そのため状況を変えるための努力がはじまり、多くの場合実際に状況が改善されるという結果につながります。問題はいくら努力しても状況が変わらないときです。これ以上どうすることもできないと感じるときです。

そういうときでも韓国人は日本人とは違い、何かの方法を取るようです。自分の部屋にひきこもるのではなく、山に入るのです。思いうかぶ人々がいます。「自然人」です。中年版『わたしはひとりで暮らす』と呼ばれている『わたしは自然人だ』に登場する人々です。(『わたしはひとりで暮らす』『わたしは自然人だ』ともにTVの芸能番組)

彼らは、事業の失敗、配偶者の死、知人の裏切りなど、さまざまな傷を抱えて山に入った人たちです。両親は死亡し、子供たちは成長し、職場を引退して、やるべきことはやり尽くした人もたくさんいます。

彼らは山の生活で自由を感じると語っています。山ではこれ以上世の中のことや他の人にかかわる必要がないからです。自然人たちが山に入る理由はここにあります。「入る」

という言葉を使いましたが、ひきこもりが部屋に「入る」のとは違います。山に入るというよりは、家を出ると言うべきでしょうか。

ひきこもりと同じくひとりぼっちの暮らしですが、自然人の生活は違います。彼らは山の中で自然と季節の息づかいを全身で感じ、自分で食べていく術を見つけていきます。これ以上やるべきことがなくなって山に入った彼らは、山で自分がなしうる仕事を探し、人生の理由を探しているように見えます。

韓国で『わたしは自然人だ』の視聴率が高いのは、韓国人にそのような欲求があることを証明しています。生きるのは辛く、だれでも心にひとつぐらいは傷を受けているのではないでしょうか。しかし実際に山に入る人は多くありません。みな、やらなければならないことが残っており、できることがあるからです。

青少年期に部屋に閉じこもるひきこもりとは異なり、自然人が山に入る年齢は大体中年以降であるのもこのためではないかと思います。わたしたちが心に傷を負うたびに山に入っていたなら、すでに韓国の山はさまざまな年齢の自然人であふれているはずです。

コラム②　文化を読み解く踏み石

蟻が象を理解する方法

文化を理解するということは、蟻《あり》が象を理解するのと似ています。個人が文化のすべての面を見ることは不可能だからです。象は大きな動物です。頭も大きく、体も大きく、脚も大きくできています。一匹の蟻が、一度に見ることのできる象の肉体は、そのごく一部分です。

ある蟻は巨大な鼻だけを見るはずだし、ある蟻は広い背中で1日を過ごすでしょう。ある蟻は柱のような脚で、ある蟻は暗く悪臭に満ちたどこかをさまようはずです。ですからそれぞれの蟻が象を正しく理解する確率はほとんどゼロです。

文化も同じです。ひとりの人間が文化の全体を俯瞰することは非常に難しいと言わなければなりません。文化には明るく希望に満ちた部分があるかと思えば、暗く絶望しかないと思える部分もあるためです。非常に合理的な側面もあり、反対に完全に非理性的だと見える側面もあります。

ひとつの事件や現象にも両面性があります。たとえば、韓国で酒は人と人を親密にし、日常のストレスを解消する機能がありますが、その背後にある飲酒運転、酒に酔った上での暴力、アルコール中毒などその弊害も無視できません。

このように多様な側面があるのは、文化というものが実際に巨大な生命体のように作動するからです。生物と文化の共通点は、両方とも生存と繁殖のために進化していく、という点にあります。したがって文化には、生存と繁殖（社会の維持）に必要なさまざまな要素と機能が存在します。

たとえば、象は生命を維持するために食べなければならず、消化しなければならず、排泄しなければなりません。象は図体がでかいのでたくさん食べなければならず、たくさん食べるためには広い範囲を歩き回らなければなりません。そのため太い脚が必要となります。高いところにある木の葉を食べるために鼻が長く伸びるようになっています。

文化も同じです。生きるためには食べなければならず、食べれば排泄しなければなりません。食べるためには働かなければならず、働いて疲れたら休まなければなりません。すべての文化には人間の基本的な欲求を満足させるための、その文化独特の方式があります。文化に、さまざまな両面的かつ矛盾する側面があるのも、自然なことなのです。

ところで、自分が見た文化の一側面を、その文化のすべてだと考える人もいるようです。これは、象の鼻にくっついていた蟻が、象とは曲がりくねった巨大な蛇だと考えたり、肛門の近くにいた蟻が、象は悪臭を放つ巨大な穴だと信じるのと同じです。

ここであらわれているのは、いわゆる「サンプリングの誤謬《ごびゅう》」です。人は自分と似た人々と交流し、暮らしていきます。そのため、自分が見聞きしたことがすべてだと考えやすいのです。そのような内集団の中では、お互いに知っているそれらしい情報の中から、より極端なものを選択するようになる「サイバーカスケード」や、同調圧力によって充分な代案を考慮しないまま意志決定にいたる「グループシンク」があらわれるようになります。

文化についてわたしたちが語り合うことの多くは大体こういう種類のものです。いつ生じたのかもわからない固定観念と偏見からはじまり、メディアを通して知った文化の断片、個人的経験の破片を集めて、ある文化についての像を作り出し、それを事実だと信じるのです。

「韓国人は情だというのに、どうして韓国社会はこんなに薄情なのか」

「日本人は本心が分からないというけれど、おれが知っている日本人はそうではないぞ」

「アメリカに行ったけど、韓流なんてどこにもなかったよ」

しかし自分の経験や自分が知っている人の経験は、文化全体を理解する上では何の役にも立ちません。ある一側面を見て文化を理解したと思うのは、事実でないだけでなく非常に危険なことです。文化はそれ自体の構造と機能を持っていて、独自の原理に従って作動していく総体です。したがって文化を全体的に理解するためには、文化の機能に注目していかなければなりません。意味もなくあらわれてくる現象はありません。みなそれなりの理由があるのです。このように文化の機能に注目していけば、文化の多様な側面が、パズルが当てはまっていくように新たに理解できていくはずです。


また文化には、いったいどうしてそんなものがあるのかと思うほど、不必要かつマイナスに作用する機構もたくさんあります。そういう文化が存在することそのものが、不条理だと考える人もいます。そのような現象は一部の人の逸脱に過ぎず、その国の文化ではないと否定してしまったり、あるいはその国の文化がそうなのだからその国の人もそうなのだと断定してしまったりします。しかしマイナスに作用する文化も明らかに文化なのです。望ましいと思える文化であればあるほど、暗い側面がたくさんあるものなのです。

文化を全体的に理解しようとすれば、マイナスに作用する文化が存在する理由を知る必要があります。そのような文化も明らかに何らかのはたらきをしているのですから。大便が臭いからといって大便が存在しないと考えたり、肛門を塞いでしまうことはできないのですから。大便は食べたもののうち消化できない部分が体内の老廃物と一緒に排出されるものです。排泄をしなければ生きていけません。しかしその悪臭のため、人々はさまざまな方法を考え出しました。トイレを家から離れたところに作るとか、水ですぐに処理できるようにするとか、時にはその悪臭にもかかわらず農作物の肥料として、燃料として、家を造る材料として活用したりもします。これが、汚くて不必要に思える文化が持続してきた理由です。突然大便の話で終わることになりました。賢明なる読者はわたしが何を話そうとしているのか、すべて理解してくれたことと信じます。

もちろんわたしも文化心理学者である以前にひとりの個人であるので、わたしが見ることができた世界は限定されていることもよく理解しています。そのため文化を幅広く見ていく勉強をしてきました。依然としてわたしが見たものがすべてであり全部正しいとは言えませんが、それでも実に多様で複雑な文化の諸側面がどのような原理によって動いているのか程度はお話しすることができます。わたしを信じてください。信じてくれなければ困ります。

最後に、わたしがときおり紹介する非常に否定的でマイナスに作用する文化について、「その文化を擁護するつもりか」「その文化を認めるのか」という疑問を呈する方々をときおり見かけます。理解は認定、あるいは受容とは異なる概念であると言っておきたいと思います。

理解は、どうしてそのような現象があらわれるのか、その原理と理由を知ることであり、認定や受容は、そのような現象を受け入れ、あるいはそうしてもよいと考えることを意味します。わたしたちは現在生きている場所で、より良い生のためにわたしたちの文化を変化させ、新しく作っていっています。より望ましい文化のためにも、そうでない文化を理解する必要があります。

しかし、何かを理解するということと、それが「正しいから」何の問題もないとか、わたしもそうしなければならないと主張することとはまったく異なる話である点をおさえておいてほしいと思います。どういう文化を正しいと思い、何を受け入れるかは全的に読者のみなさんにかかっています。

第3章

文化を開けてみると隠された絵が見えてくる

第3章では、少し関心を持たなければ知ることのできない文化の差異を扱ってみようと思います。外にあらわれた現象の向こうに、一皮むくとはじめて文化の深い意味が見えてくることがあります。近代心理学の創始者であるヴィルヘルム・ヴントは、人々の深層心理を理解するためには、その人たちが持っている神話、伝説、民話、価値観などを理解しなければならないと言い、「民族心理学」を提唱しました。

わたしがここで述べようとしているのは、そういう試みです。特定の職業群（？）に収斂《しゅうれん》する韓国の英雄と、いつも同じようなセリフが特徴的な日本の英雄、三本勝負の韓国のシルム（相撲）と一発勝負の日本の相撲……ふたつの国の人々が形成し、生まれつき身につけていた物語と遊戯は非常に違った姿をしています。その理由は何なのでしょうか。漠然と違っていると感じてきた韓国と日本の文化には、より本質的な差異が隠されているのかもしれません。

恨《ハン》を抱いた韓国の幽霊 vs 場所を守る日本の幽霊

幽霊を信じますか？ 21世紀のいま、いったい何を言い出すのかとおっしゃる方もいるでしょう。文化心理学では、幽霊が存在するのかどうかというのは重要な問題ではありません。重要なのは人々が幽霊はいると信じるその文脈そのものなのです。文化には人々の多様な欲望と恐れが投射されています。幽霊もまた人々の心にある欲望と怖れが投影された結果です。だから幽霊にはその文化の中の人々が何を望み何を恐れているのかが反映されています。

ここで述べようと思っているのは、韓国の幽霊と日本の幽霊の差異です。近くて遠い国、韓国と日本は、似ている点も多いですが、少し詳しく見ていくと違っている点もたくさんあります。幽霊があらわれる理由もそのひとつです。

韓国の幽霊話の原型として、阿娘《アラン》伝説を紹介しましょう。密陽府使《ミリャンプサ》（密陽の長官）の娘、阿娘は、彼女を強姦しようとした下役人に抵抗して殺され、死体は放置されてしまいます。その後新たに赴任してきた府使が次々と幽霊を見て死んでしまい、誰も密陽に赴任してこようとはしなかったのですが……。

そこに肝の座った男があらわれ、密陽府使に赴任してきます。赴任してきたその夜、幽霊があらわれ、自分のオグルな思いを訴えます。府使はそれを聞いて、犯人を捕まえて処刑し、阿娘の死体を探して葬儀を行い、事件を解決します。幽霊は感謝してあの世へ行き、府使はその後幸せに暮らしたという話です。

韓国の幽霊話のストーリーラインは大体この阿娘伝説と類似しています。罪もないのに継母に殺され、これを訴えるためにあらわれる『薔花紅蓮伝《チャンファホンリョン》』がそうですし、どきっとするビジュアルで人々を驚かせはしますが、恨《ハン》がとかれると美しい姿で礼をして行くところへ行く『伝説の故郷』（各地域に伝えられている伝説、民間説話をモチーフにしたKBSドラマ）に登場するたくさんの幽霊たちがそうです。

このストーリーラインを要約すると次のようになります。

1. 幽霊があらわれ、人を驚かしたり殺したりする。
2. 肝の座った人があらわれて幽霊に会い、その話を聞き、恨（怨み）を解いてやる。
3. 恨が解けた幽霊は良い所へ行き、恨を解いてやった人にも良いことが起きる。

ここでわかることは、幽霊が出てくる理由が「恨を訴えるため」だということです。韓国の幽霊は罪もないのに殺された自分の事情を明らかにし、その恨を解くためにあらわれます。だから韓国の幽霊はおおむね権力者のところにあらわれます。無辜《むこ》の死の原因を明らかにし、真犯人を捜し出して処罰することのできる権力を持っているのは、一般の民衆ではないからです。

「上様……オグル（うらめしい）です……」韓国の幽霊がみなこのセリフを言うのには理由があります。胆力のない長官は驚いて死んでしまいますが、気をしっかり持ってなぜあらわれたのかその理由をきちんと聞くことができれば、充分に生き延びることができます。韓国でもし幽霊に出会ったなら、この点を思い出してほしいと思います。

韓国の阿娘や薔花、紅蓮と同じようなケースとしては、比較的最近映画に登場した『リング』の貞子や『呪怨』の伽耶子のような幽霊がいますが、彼女たちがあらわれるのに特別な理由はありません。霊を見る能力があったが罪もなく殺された貞子は、ビデオテープに映し出され、そのビデオを観た人を皆殺しにしていきます。精神異常者の夫に無惨に殺され、その怨みのために殺された家の地縛霊となった『呪怨』の伽耶子と俊雄の親子は、その家に入ってきたすべての人に対して敵意と攻撃性をあらわにします。

文化心理学的な観点から見ると、これらの特徴こそ、日本人をもっとも怖がらせる要素なのではないかと思います。日本人は個人の領域に敏感な人々です。誰かが自分の領域を侵犯することも嫌いますが、自分が他人の領域に入ることも日本人を怖がらせるようです。

いのです。

他人の領域に入れば、攻撃を受ける可能性があり、危害を受けてもどうすることもできな

日本のインターネットで騒がれている怪談の主人公「テケテケ」のような存在も、日本の幽霊の特徴をそのままあらわしています。彼らは理由はわからないけれどもあらわれる場所が決まっていて、彼らを見た人は必ず危害を受けます。人々は彼らの存在を恐れ、彼らがあらわれる場所に近づこうとはしません。

領域を侵された日本の幽霊は、自分の怨みを表出します。他人に被害を与えないように気を付ける日本人は、自分に莫大な危害を加える存在が怖いはずです。妖怪と幽霊は迷惑のようなことに神経を使わないはずだからです。

読者のみなさんが万が一日本の幽霊に出会ったなら……どうすることもできません。必死になって逃げるしかないのですが、力尽きて追いつかれたら……。ですから幽霊が出るという噂があるところには近づかないようにしてください。

韓国の幽霊と日本の幽霊の二番目の違いは、人間に対する態度です。その怨みがあまりにも深いので、誰かを自分のかわりにしなければならない「水幽霊」を除けば、韓国の幽霊が人を害することはほとんどありません。怖いのをちょっと我慢して話を聞いてやれば充分に生き延びることができます。

韓国の代表的な妖怪であるトッケビもそうです。人をたぶらかして一晩中山の中をぐる

ぐる回るようにしたり、酔っぱらった人をつかまえて相撲をとったりする場合はあっても、人を殺したりはしません。愚かで遊び好きな韓国のトッケビは、うまくおだて上げれば(好物のどんぐりムクと一緒に)(どんぐりムクは、どんぐりの粉を沈殿させて煮固めたもの)、願いを聞いてくれたりもします。九尾の狐にも触れておく必要があります。九尾の狐は東アジア三国(韓国、中国、日本)のすべてに登場しますが、中国と日本では化物として表現されているのに対し、韓国では非常に人に親和的な存在として描かれています。

韓国の九尾の狐伝説での九尾の狐は「人間になりたい」存在で、肉食動物(狐)としての欲求を節制する姿を見せてくれます。人間に恋をし、人間に裏切られても自分が愛した人にだけは最後まで危害を加えずに去っていく悲恋のヒロインです。

もちろん韓国にも自分の領域を守っている幽霊がいます。山神やトジュシン(地神)、大きな木にやどる木神などです。彼らは幽霊というよりは神であり、信仰の対象です。不正な行為をすれば罰せられたりもしますが、基本的にわたしたちを守り、福をくれる存在です。

ちなみに日本の伝説や民話に登場する鬼は、盗みを働き、人を殺して婦女子を拉致するなど、重犯罪を犯す者として描写されています。鬼神(韓国語で幽霊のこと)の上の文字である「鬼」がそのまま鬼を意味するという点で、鬼に対する日本人の認識を推測することができます。山で美しい娘の姿であらわれて旅人を接待するが、旅人が寝入ると食べてしまう山姥、雪の降る地域にあらわれて人を凍死させる雪女などがそうです。

このように日本の妖怪たちは、最近アニメーションなどで親しげに描かれてはいますが、18世紀までの記録では一貫して悪辣な存在となっています。水の中に住む河童ぐらいがまだ害のない妖怪だと言えますが、こやつらも時に人を溺れさせて殺してしまいます。

恨のために幽霊になり、恨を解くために人の前にあらわれる韓国の幽霊と、やはりあの世へ行けないほどの大きな怨恨を抱えてはいるが、自分が死んだ場所にとどまり、自分とはあまり関係のない人にまで危害を加える日本の幽霊。人間に親しく接しすぐ近くで暮らしたりして、何か特別なことがない限り害を加えようとしない韓国の妖怪と、自分の領域をしっかりと守り、これを侵した人間を膺懲《ようちょう》する日本の妖怪。韓国人と日本人の心の、どのような差がここに投影されているのでしょうか？

三本勝負のシルム vs 一発勝負の相撲

相撲は日本、シルムは韓国を代表する伝統スポーツです。ふたりの人間が組み合い、力を競うスポーツは、歴史的にさまざまな文化で発展してきました。古代オリンピックで行われていたレスリング、ロシアのサンボ、モンゴルのブフ、トルコのヤールギュレシュなど、現在も多くの国で行われています。

しかしそのルールは国と文化によってそれぞれ異なります。文化は文化の構成員の欲求を反映している一種の投射体系（projective system）です。たとえば、ひとつの文化で広く読まれている物語や、共通して夢にあらわれるイメージ、人々が好む遊びなどには、その文化の構成員が充足してきた欲求が隠されています。

ふたつの国の代表的な伝統スポーツである相撲とシルムの場合も同様のはずです。次に、相撲とシルムに反映された韓国と日本の人々の文化的欲求を見ていくことにしましょう。

シルムは直径八メートルの円形の競技場で、ふたりが相手のサッパ（相手がつかめるようにするため、右の太腿と腰に巻くまわし）や下衣の腰のあたりをつかみ、力と技を競って相手を最初に地面に投げつけた方が勝つというスポーツです。直径4・55メートルの円形競技場（土俵）の外に押し出されるか、足以外の身体部位が地面につけば負けという相撲とおおむね似たスポーツであると言えるでしょう。

もっとも大きな違いは、勝負を決定するやり方です。足以外の身体の一部が地面につけば負けという点は、シルムも相撲も同じですが、相撲には相手を土俵の外に押し出せば勝ちというルールがあります。

このルールがあるためなのか、相撲の土俵は規格も小さく、砂も薄くなっています。土俵の外に押し出しやすくするために摩擦を小さくしているようです。実際相撲の取組を観ると、押される力士の足が砂に埋まることはなく、ズズッと滑っていくのが分かります。それに対しシルムの競技場は、規格も8メートルと大きく、砂も深さが30センチメートル以上と決められています。大きな競技場で、さまざまな技を繰り出すことができるわけです。かっこいい技で相手を投げた瞬間に飛び散る砂もまた、シルムの魅力のひとつです。

興味深いのは相撲のルールです。日本人はどうして相手を土俵の外に押し出さなければならないのでしょうか。ここに、日本人の境界に対する考えが反映されています。日本人は伝統的に、内側と外側を明確に区分してきました。表と裏、外と内がそれです。

もちろん韓国も内集団と外集団の区別ははっきりしています。「われら」と「他人」の意味は韓国でも日本でも同じです。ただ、日本の表裏は、韓国とは質的に異なっているように思われます。

韓国人は普段「われら」と「他人」を明確に区別していますが、見ず知らずの人であっても簡単に「われら」になってしまうという特徴があります。気が合えば、の話ですが。しかし日本人にとって、内と外は誰でも簡単に越えることのできる境界ではありません。本音と建前は、内と外を明確に区分する日本人の心理がはっきりとあらわれている例です。

日本人の、内と外についての観念をよく示している例があります。日本には、節分の夜、父親が鬼の面をかぶって外から入ってくると、子供たちが豆を投げつけ「鬼は外、福は内」と叫ぶ風習があります。

つまり、外は悪いものがいる（いるべき）場所であり、内は良いものがいる（いるべき）場所なのです。相撲で土俵の内側は「裏と内」を象徴しています。自分ではないもの（悪いもの）を自分の境界の外に押し出すことは、日本人にとって非常に自然な行為なのです。

もうひとつの重要な差異は、シルムが三本勝負であるのに対し、相撲は一発で勝負が決まってしまう点です。韓国のすべての伝統的な競技は基本的に三本勝負です。じゃんけんからシルムまで、例外なく適用される規則です。

韓国人は負けるのを嫌います。韓国人は高い自己像を持っていると知られています。自己肯定感が高いとも言います。トーリー・ヒギンズの自己不一致（self discrepancy）理論によれば、人間は自分の客観的現実にもとづく現実的自己（actual self）と、自分が到達したいと思っている理想的な状態を意味する理想的自己（ideal self）、そして社会の構成員として果たさなければならない義務に関係する義務的自己（ought self）を持っています。西洋人の自己（self）は、その概念からが第三者的な観点から客観化されたものであるため、現実的自己に近いものだと言えます。しかし韓国人の強い自己高揚の傾向と現象的にあらわれる自己顕示的な行為の様式などを考慮すると、韓国人は現実的自己よりは理想的自己に近い自己像を持っているように思えます。つまり、現在の自分の客観的な状況よりは、自分が「到達できると信じている」自分の姿を自己と認識しているのです。

韓国人の自己認識は「実際の自己価値より高い」自己肯定感に根拠を置いていると言えます。自己肯定感が高いということは、最近のはやり言葉で言えば「クンジャガム」（「根拠のない自信感」の頭文字を取った略語）、つまり「根拠のない自信感」と言いうる自己認識であり、このような自己認識が韓国人に類型化されているわけです。

自尊心が強く負けることを嫌う韓国人にとって、たった一度の勝負で敗北を認めることは困難です。少なくても三本のうち二本負けなければ「今度はおれの負けだ」という言葉は出てきません。「次を覚えておけ」というセリフが後に続くのは言うまでもありません。

しかし日本人は違います。一度の勝負で生死が分かれる剣の文化のせいなのでしょうか。一度の勝負で勝敗が決まれば、ほとんどの日本人は敗北を認めます。勝者としての相手と敗者としての自分の地位を認めるのです。

戦国時代の日本では、敗北を認め勝者の部下となるのは自然なことであり、また武士として名誉ある行動と受け取られていました。日本人が慣れ親しんでいたこのような戦いの方法が、壬辰倭乱のとき日本軍が苦戦する契機になったという説があります。城が陥落し、城を守っていた将兵が全滅しても、朝鮮人は敗北を認めるどころか、あちこちで義兵を組織して日本軍を苦しめました。このような性向は日本の植民地時代も顕著でした。王朝が滅ぼされ、国が消されてしまっても、朝鮮人は臨時政府を立て軍隊を組織して最後まで日本に抵抗しました。

最後に、主として民衆によって行われ、愛されてきたシルムとは異なり、相撲は皇室と幕府の後ろ盾のもとに発達してきました。そのせいもあってか、取組の前の儀式やふたりの力士がぶつかりあう前に行われる手順などが非常に複雑で様式化されているという特徴があります。相撲はこのような様式化のおかげで、神秘的、あるいは幻想的な東洋の伝統スポーツとして外国に広く知られてきました。

それに対してシルムは民衆による民衆の文化であったため、注目を集めるような服装や形式を備えておらず、年寄が好む民族遊戯というようなイメージにとどまっていたのが現実です。しかし技と伝統と文化的固有性が認められ、2018年にユネスコ世界無形文化遺産に登録され（韓国と北朝鮮の共同登録）、最近は優れた容貌と華麗な技を備えた若い選手が登場するのにともない再び注目を集めています。

英雄になった盗賊 vs 強い者が英雄

英雄は、簡単に言えば、人々の願望を反映した人物です。誰かがある人たちから愛されるということ、話が伝えられ続け、広がっていくのは、その人々がなりたいと思っている人物の姿を彼が代わって見せているからであり、やりたいと思うことを代わって成し遂げているということを意味します。

このような面からまず、映画やドラマで日本人に愛されている人物を探してみましょう。日本では、さまざまな理由から、時代劇がたくさん作られています。時代劇に主として登場する人物は、過去の武将です。日本の歴史では、武士、侍が支配層だったので、これも当然だと思えますが、その中でも特に愛されている人物がいます。

武田信玄、上杉謙信、織田信長などの戦国時代の武将です。戦国時代は、室町幕府の末期（15世紀後半～16世紀半ば）、中央政府の権威が落ち、各地の大名が勢力を競っていた渾沌の時代です。

特に関東平野の覇権をかけた武田信玄と上杉謙信の戦いは、長い間伝説、説話、民話として伝えられるほど激しいものでした。100年以上続いた戦国時代は、織田信長によって終結しかけますが、彼は家臣の裏切りによって殺され、結局豊臣秀吉がその後を継いで日本を統一します。

しかし日本を統一した豊臣秀吉や最終的に江戸幕府の主人となった徳川家康よりは、武田信玄、上杉謙信、織田信長などの方に人気が集まっているようです。歴史的には、豊臣秀吉や徳川家康の業績の方が意味があるのでしょうが、日本人は戦場で散っていった彼らの方により共感と愛着を感じているようです。

日本人に愛された人物に、伝説の武士、宮本武蔵がいます。宮本武蔵は13歳のときにはじめての決闘をして以来、一度も負けたことがないと言われています。有名な吉岡一族との決戦、佐々木小次郎との巌流島の決闘などは、文学作品、民話、漫画、ゲームなどで現在まで無数にリメイクされています。

一方、江戸に幕府が開かれてから長い間平和が続き、侍たちは刀を使うことがなくなってしまいました。そして近代に入り、刀がもう一度注目される時代になりました。明治維新の直前、幕末です。

幕府を転覆し近代日本を設計しようとした人々を日本では維新の志士と呼んでいます。その志士から将軍を守り、京都の治安を維持するために新選組という組織が作られました。

明治維新は西欧式の近代的改革を夢見た知識人階層の主導で試みられた改革です。日本が長い鎖国政策を終えて近代化し、アジア最初の近代的産業国家に生まれ変わる契機となった事件です。そして韓国などの周辺国に対して帝国主義の野心をむきだしにした頃でもあります。

この維新に反対する支配層であり既得権層でもあった幕府勢力の抵抗もかなり強いものがありました。新選組は幕府の側に立ち、維新に抵抗して最後まで戦った侍の組織です。維新が成功してからは、政府軍に対抗した反乱軍というレッテルを貼られたりもしました。

ところでこの新選組に対する日本人の愛もまた飛び抜けています。たくさんのドラマ、映画、アニメーション、ゲームなど多様なジャンルで取り上げられています。現代日本を規定するもっとも重要な事件である明治維新に反対した彼らに対する日本人の特別な愛が意味するものは何なのでしょうか？

現代に入ってからは、極真空手の創始者である大山倍達《ますたつ》（崔倍達《チェベダル》）に触れないわけにはいきません。日本の青少年が選んだ日本の10大英雄に選ばれたこともあります。修業時代から日本の武芸の名手と決闘を繰り返し、ただの一度も負けなかったという彼の神話は、江戸時代の伝説の武士、宮本武蔵に比肩されるほどです。

彼らの共通点は何なのでしょうか？　日本の文化コンテンツで繰り返し取り上げられる彼らの人生は、「強さを追求する」という点に要約することができます。歴史的な人物たちがどうしてそのように行動したのか、現代の人がその動機を理解するのは容易ではありません。

戦国時代の武将が戦った理由はおそらく「権力を獲得するため」だったはずです。権力には多くの利益が伴います。いまも戦争がなくならない理由がそこにあります。宮本武蔵が戦う相手を求め続けたのは、彼が追求していた芸術のある境地にいたるためだったかもしれません。宮本武蔵は画家としても有名な芸術家でした。

新選組の闘争は、既得権に編入されるための下級武士の奮闘であると解釈できます。維新に参加した、あるいは幕府側に立った多くの下級武士の行動は、身分上昇の道が徹底して閉ざされていた既存の秩序から抜け出すための彼らの選択だったはずです。素手で黄牛と戦った崔倍達の熾烈な戦いも、植民地出身という二等国民として探さなければならなかった自分の存在理由のためだったのではないでしょうか。

しかし日本人は彼らの動機を一貫して「強くなるため」であると説明します。強くなるために戦場に立ち、もっと強い相手を捜し求め、歴史の渦がどのように動こうとより強い者と戦い自分の強さを証明するために生きてきた、というわけです。これは、その人が実際に何を考えて生きてきたのかとは関係なく、彼らを観る人が付与した意味です。

それだけではありません。数えきれない日本のコンテンツで、主人公は「強くなるのだ」と繰り返します。まだ産毛の生えている少年が、日本アニメーション特有のかぼそい少女が「わたしは強くなるのだ」と叫びながら戦場に（バスケットボール、サッカー、バレーボール、ドッジボール、テニス等々）駆けていく姿は、韓国人であるわたしには時として実に奇妙に感じられます。

それだけ日本人は強くなければならない、強くならなければならないと考えているようなのです。日本人にとって強いとは何を意味するのでしょうか。日本人がそれほどまで強くならなければならないと言う理由は何なのでしょうか。このテーマは後であつかうことにして、ここでは韓国の英雄について見ていくことにしましょう。

文化は投射体系です。文化現象には人々の欲望が投影されているという意味です。スーパーマンがアメリカにあらわれたのは、経済大恐慌当時のアメリカ人が心から願っていた、絶対的な力で危機を一瞬のうちに克服する英雄が必要だったからです。

日本のコンテンツに「強さを追求する人」が繰り返し登場するのは、日本人に強さが必要なためです。そうであれば、韓国人の欲望が反映された英雄は誰でしょうか。韓国の文化にも、アメリカのスーパーマンのように、日本の宮本武蔵のように、繰り返し文化コンテンツに登場する人物がいるのでしょうか？

います。小説でデビューし、映画、ドラマ、漫画、ゲームなどで数多く取り上げられた韓国の英雄は、洪吉童《ホンギルトン》です。洪吉童は、1612年に許筠《ホギュン》が書いた『洪吉童伝』の主人公です。韓国では知らない人のいない有名人です。1934年に最初に映画化されて以後、映画、アニメ映画、ドラマ、ミュージカル、唱劇、伝統芸能、ゲームなど、洪吉童を素材とした文化コンテンツは数えることができないほどです。最近もイ・ジェフン主演の映画『探偵ホン・ギルドン～消えた村～』と、ユン・ギュンサンが洪吉童を演じたドラマ『逆賊――民の英雄ホン・ギルドン』が制作されました。

大衆の共感と愛が英雄の前提条件であるなら、韓国で洪吉童ほど英雄の条件に付合する人物はいないはずです。ならば、はたして韓国人が共感する洪吉童の魅力は何なのでしょうか？

まず洪吉童の身分に韓国人は共感します。庶子という身分は、どれほど能力があっても官職に就くことができないので、平民と変わりません。平民としては、自分と同一視できる恰好のキャラクターです。父を父と呼べないというのも、孝を重視した朝鮮で強い共感コードとして作用したはずです。

二番目は洪吉童が義賊だという点です。洪吉童は、不正に貯め込まれた財貨を盗んで活貧、つまり貧しい人に配っていました。この点こそ洪吉童がこれほど長い間人々に愛されてきた理由です。

平民として生まれ、生涯骨が曲がるほど働き続けても豊かに暮らすことができなかった大部分の人々にとって、貪官汚吏《たんかんおり》と不正蓄財をこととする金持ちの財貨を盗み、自分たちのような貧しい人に配った洪吉童は、どれほどかっこよく見えたことでしょうか。

義賊としての洪吉童が韓国人にアピールした点は、韓国の文化に義賊キャラクターがたくさんいて、彼らが愛されてきたということからも理解できます。洪吉童以外にも、林巨《イムコッ》正《チョン》、張吉山《チャンギルサン》、一枝梅《イルジメ》などが代表的な義賊です。義賊キャラクターは最近も『群盗：民乱の時代』という映画でリメイクされました。

彼らの共通点は、ドロボウだという点です。義賊と言っても、人の家に忍び込んで財貨を盗み取るドロボウには違いありません。つまり韓国人はドロボウを英雄視していたということです。わたしたちはこのことから、韓国文化と韓国人の欲望について非常に重要な端緒を発見することができます。

第一に、韓国人には富の分配が不平等であるという認識があるということです。ほとんどの金持ちは不正な手段で蓄財をしたから金持ちになったのであって、その富を盗み貧しい人に配る人々を義賊と呼ぶことができると考えているのです。不平等な現実は義賊を夢見させます。

第二に、義賊には、自分も豊かになりたいという欲求が投射されています。自分もあの金持ちのように豊かに暮らしたいのだがそうはできない現実の中で、金持ちたちの財貨を盗むあのドロボウこそ自分がなりたいと思う姿となります。両班に抑えつけられている民衆にとって、貪官汚吏を懲らしめるあのドロボウが英雄でなくて誰を英雄だと言うのですか。

21世紀の現在も続いている「金の匙／土の匙」（金持ちの家に生まれることを「金の匙をくわえて生まれる」と言い、逆に貧しい家に生まれることを「土の匙をくわえて生まれる」と言うことから、富の世代継承の問題をこう表現する）の騒ぎは、韓国社会において富の分配という問題が非常に根深く、また敏感であるということをあらわしています。同様に、21世紀になっても登場し続ける洪吉童の後裔たちは、この問題がシステム内での合法的な手続きによって解決するのが難しいという現実を反映しているようです。

また、最近の韓国の映画で特徴的な点は、英雄の類型が「集団的な英雄」になったことです。まず、伝統的な義賊キャラクターを受け継いだ『群盗』がそうです。『暗殺』『密偵』『ミスター・サンシャイン』に登場する日本の植民地時代の独立闘士たち、そして『タクシー運転手』『１９８７』などの民主化闘争の時期の市民を描いた映画は、ひとりやふたりの英雄の物語ではありません。

1987年軍事政権下の韓国で実際に起きた民主化運動をベースにした大ヒット社会派作品。
『1987、ある闘いの真実』（発売・販売元：ツイン）Blu-ray、DVD発売中&デジタル配信中。

これらの映画は、自分と変わることのない普通の人が、偶然の機会に現在の生よりも重要な何かがあることを悟り、その意志に同調するという共通したストーリーラインを持っています。たくさんの人が志をひとつにして集まり戦い続けてきた結果、誰もが可能だとは思わなかった祖国の独立と国民主権の時代を迎えるようになったのです。

これらの作品こそ、現代史で経験した一連の事件を通して、歴史はひとりやふたりの個人ではなく、その中で生きているおびただしい数のわたしたちが作り出していくのだということを悟った韓国人の集団無意識を反映した新しい形の「英雄もの」なのではないか、と思います。

「わたしを超えて行け」韓国の師匠
vs
「黙ってわたしについてこい」日本の師匠

韓国と日本の差異を明確に示してくれる分野のひとつが「師匠」についての認識です。まず、日本の師匠と弟子の関係は家元制度によくあらわれています。家元は日本の伝統的な伝承体系です。芸術や技芸などを教え、受け継ぎ、運営する多様な規則が含まれている日本の伝統的な制度で、芸術と技芸の分野以外にも、宗教、事業、学校、工場、事務室など日本社会のあらゆるところで見られる非常に日本的な制度です。

人類学者のフランシス・スーの著書によると、家元組織のもっとも大きな特徴は、家元(最高の師匠)の絶対的な権威にあります。家元は組織の秘法を保護し、組織の水準を維持し、管理する権限を持っており、弟子の勢力を調整し、不正を働いた者を破門する権利も有しています。

弟子は家元の命令に絶対的に服従することを要求されます。特に弟子による芸術と技芸の内容の解釈や修正は徹底して禁止されています。教習は、師匠が具体的な指導をするのではなく、弟子が師匠の動きひとつひとつをそのまま真似し、無意識的に模倣する方式で進められます。教習の内容は厳格に秘密とされ、口頭でのみ伝達されるので、師匠は独歩的な地位と神秘性を維持できるわけです。

弟子は師匠に献身的に仕える義務を負い、弟子が師匠の言葉に逆らったり、気に入らないからと師匠を取り替えるというようなことは想像もできません。フランシス・スーは「忠臣は二君に仕えず」という言葉で、家元と弟子の関係を要約しています。

ここまでを見る限り、韓国も大きく変わることはないように思えます。韓国人も師匠を非常に尊敬する人々です。「君師父《クンサプ》一体《イルチェ》」という言葉がありますが、王と師匠と父親は同格だという意味です。師匠の影も踏まない、という言葉があるほどですから。しかし少し深く見ていくと、大きく事情が異なっていることに気付きます。

韓国には、王室や官に所属する工房のような場合を除き、日本の家元のような制度化された伝承体系はありません。技芸を学びたいと思う弟子が師匠を訪ね教えを乞えば、特別な欠格事由でもない限り師匠は弟子を受け入れ、教えるというシステム（?）です。

そのため伝承体系についての文書化された記録は特に残っていません。ですが師匠と弟子の関係についての手がかりははるかな昔の記録からも見つけることができます。代表的な例が、伽耶《カヤ》の楽聖、于勒《ウルク》とその弟子たちの物語です。

于勒は伽耶の人で、嘉悉《カシル》王の命を受け伽耶の12の地域を象徴する12の曲を作曲したと言われています。伽耶の国運が傾くと于勒は新羅《シルラ》に亡命します（５２２年）。当時の新羅の王であった真興王《チンフン》は于勒の音楽に感銘を受け、階古《ケゴ》、法知《ポプチ》、万徳《マンドク》の三人を于勒のもとに送り、于勒の弟子となって音楽を学ぶようにしました。

修行を積んだ弟子たちは、于勒の音楽が煩雑で淫乱だという理由で、12曲を5曲に減らしてしまいます。これを知った于勒は、最初は腹を立てましたが、弟子たちの演奏を聴き、涙を流して「楽しいが節制があり、悲しいが悲痛ではないので、これでよい」と言って溜息をつきました。自分を超えた弟子たちを認めたのです。

この事例は、単に滅びた国から亡命してきた音楽家であった于勒を無視した弟子たちの越権行為だったのでしょうか。１５００年の時を隔てた話ですが、伽耶琴《カヤグム》の名人、沈相《シムサン》健《ゴン》（１８８９〜１９５５、伽耶琴を演奏するごとに新しい調べで即興演奏が可能な唯一の名人と評されていた）の逸話は、韓国の師匠が弟子に対してとる態度を教えてくれます。

ある学生が沈相健名人に散調《サンジョ》（伽耶琴などの独奏曲の形式のひとつ）を習っていました。習ったことを夜通し練習して、次の日にそのまま演奏すると、沈相健は「散調をそうやって弾いてはだめだ」と叱りつけます。学生が「先生は昨日、確かにこのように教えてくれました」と抗弁しても、沈相健はそんな風には教えてはいない、と言い張ったそうです。

そういう師匠の態度にあきれた学生は、その次の日録音機を用意して先生の演奏を録音しました。そして次の日も師匠が、伽耶琴の演奏はそうやってはだめだと、また叱りつけたので、学生は待っていたとばかり前日に録音したものを聞かせ、自分は先生が昨日演奏したものをそっくりそのまま再現しました、と言ったのです。

すると沈相健はこうこたえたそうです。「それは昨日の音で、今日の音ではない」。師匠が言いたかったのは、学んだことをもとにしてその日その日生き生きとした自分だけの演奏をしなければならないという教えだったのではないでしょうか。

音楽に限られた事例ではありますが、韓国のこのような師匠と弟子の関係は、韓国文化のある点をはっきりと強調しています。つまり自由な「表現」です。主体性自己の特性であるのかもしれませんが、いずれにせよ韓国人には、他人がこうしろああしろと自分を統制しようとするのに耐えられない傾向があるようです。

自由な表現は韓国音楽の重要な特徴であると言われています。たとえば、日本の場合は１０００年前の演奏法と現在の演奏法に大きな違いはないのですが、韓国は同じ曲であっても時代によってその演奏法が目に見えて違っていると言います。国楽学者の李恵求《イヘグ》（１９０９～２０１０）先生はこのような属性が韓国人の心性に合っていると主張しています。

> 自由奔放で、俗な言葉で言えば自分勝手にやるということ、自分を隠すことなく、技巧を凝らすのでもなく、自分をそのままあらわすことが、韓国音楽の特色ではないか、とそう思います。韓国人には先生が教えたとおりにすることをとても嫌うという

性質があり、同じものをふたつ作ろうと言っても形がまったく同じにならないのが韓国人の気質のように思えます。……どういうわけか個性が強く、自分の好きなようにやらなければ興趣がわかず、他人がやれと言うそのとおりにやるとうまくいかないというのが韓国人の心性であるようです。

弟子が師匠の言うとおりにやることを嫌うだけでなく、弟子が師匠の音楽をそのまま演奏しても逆に師匠に認めてもらえません。師匠も「もう学ぶべきことはすべて学んだから、ここを出て自分の音を探しなさい」という具合です。

師匠がひとりの弟子に一定の調べを定められたとおりに教えるということもなく、弟子ごとに同じカリキュラムの教育をするというのでもありません。その弟子の力量に合わせて別のことを教えるという点も、家元制度とは異なります。伝統音楽の教授法も結局は、弟子の個性を尊重して、弟子がみずから自分の音を作る過程を通して独立した音楽家になるよう誘導する、というやり方だと要約することができます。

日本的な伝承と韓国的な伝承にはそれぞれに長所、短所があります。厳格な伝承体系の結果、日本は世界でも伝統がもっともよく守られている国のひとつだと言われています。日本を訪問する世界のたくさんの観光客は、変わることのない日本の姿に感嘆します。1、2年でスカイラインが変わってしまう韓国の風景とは異なる、日本だけの長所です。

それに対し、韓国の伝承は、いわゆるコラボと融合に適合した方式です。ある程度基本ができたと考えれば、誰もが必死になって自分だけの音を出そうとします。他の人と少しでも違うようになろうと思えば、他の人がこれまでやっていなかったことを試みなければなりません。わたしが思うに、韓国の長所はここにあります。

弥勒の韓国 vs 地蔵の日本

東アジアに仏教が伝来して千数百年、仏教は人々の心に大きな影響を及ぼしてきました。しかし各国が受け入れた仏教の姿は同じではありません。仏教に見ようとしたもの、望んだものが異なるからです。

韓国と日本の仏教は形式や内容の面で大きく異なります。学術的な部分はまた別の機会に（もう少し勉強して）お話しすることにして、今日はふたつの国の民衆がもっとも親しんだ仏様の話をしようと思います。

韓国には弥勒がたくさんいます。弥勒は民衆に深く愛されてきました。寺に祀《まつ》ってある仏像の他に、道端に、田んぼの隅に、山裾に……人々が行くところにはどこにでも弥勒の石像が立っています。人々は道を歩いていて、野良仕事をする合間に、山に薪を取りに行きながら、そこにおられる弥勒様に小さな願い事をしてきました。

一方、日本には地蔵がたくさんいます。寺の外でも、村の片隅や道端に立っているたくさんの仏像を見かけるはずです。日本人は地蔵をお地蔵様と呼んで、韓国人が弥勒に接するように、親しんでいます。

ふたつの国のこのような文化は、仏教の直接的な影響というより、既存の文化が仏教と融和した結果だと思われます。民衆が自分の願い事を祈る場所というのは、宗教に関係なく普遍的なものだからです。

ところでどうして韓国は弥勒、日本は地蔵なのでしょうか。その理由を探るため、弥勒と地蔵の性格を見ていくことにしましょう。

弥勒は未来仏です。遠い未来にこの世にやってきて人々を救う方です。韓国では歴史的に、民の暮らしが苦しくなると弥勒信仰が盛んになり、その隙をついて自分が弥勒だと主張する人物があらわれたりしました。その代表的な人物が、後高句麗を建てた弓裔《クンイエ》です。朝鮮王朝中期にも呂還《ヨファン》という僧侶が弥勒を自称して乱を企てたという事件がありました。人々は辛く苦しいこの世からわたしたちを救ってくれる救世主として弥勒を信じてきました。韓国での救世信仰としての弥勒の位置は「埋香《メヒャン》」という風習からも見て取ることができます。海辺に行くと、あちこちで埋香里という地名を見つけることができます。埋香とは、弥勒が来られる日を待ちながら香草を海辺に埋める儀式です。香草を川と海が出会う場所に埋めておけば、数百年後には沈香になるので、これを弥勒にささげようというものです。三国時代にはじまり、高麗末、朝鮮初の民衆の切実な願望をここから感じ取ることができます。

その他にも、雲住寺《ウンジュサ》の臥仏《がぶつ》や、禅雲寺兜率庵《ソンウンサトソラム》の磨崖仏《まがいぶつ》のように、世の中を変えようという民衆の願いに関連がある仏は大体弥勒です。甲午農民戦争《こうごのうみんせんそう》当時、農民軍は隠されていた秘笈《ピグプ》（秘密の書物）を探し出すため兜率庵の磨崖仏のへそを開いたと伝えられています。

では地蔵の性格はどのようなものなのでしょうか。地蔵は、弥勒が来る前のこの世を担当する方で、あわせてあの世をも管理（？）します。自分はすでに悟りを得たが、地獄に落ちた衆生までも救わなければならないという一念から仏になることを放棄し、地獄におりていった方です。まだ仏になっていないために、地蔵「菩薩」と呼ばれています。

韓国の地蔵は大体、僧のように剃髪し、六鐶杖（錫杖）をつき、もう一方の手には宝珠（念珠）を持った姿で形象化されていますが、日本の地蔵は、子供を抱いていたり、よだれかけにかぶりものをした子供の姿をしています。ここに日本の地蔵信仰の特徴を見て取ることができます。

日本には、人が死ぬと霊魂は山へ行くという信仰があります。地蔵菩薩は大概、村の境界に立てられています。内と外についての日本人の観念によれば、村の中は生きている人が暮らす場所であり、村の外は死者の世界です。死者が行き交う村の境界に、死者を救う地蔵菩薩がおられるというのは、当然だと思えます。

韓国人も村の境界に何かを立てています。チャンスンです。天下大将軍、地下女将軍が一組になって立てられていますが、このお二方は仏教以前の伝統信仰からはじまった土地神であると理解されています。村の入口に立ち、悪い気を防ぎ、村を守ってくれる神です。もちろん地蔵菩薩の役割の中にも同じようなものがあります。村の守護神であり、死者に引導を渡す存在である地蔵菩薩は、12世紀頃、僧の姿から子供の姿に変わっていきました。子供の姿になった地蔵菩薩は親しみを込めて「お地蔵さん」と呼ばれています。

特に赤い頭巾とよだれかけをした地蔵菩薩は水子地蔵と呼ばれています。水子とは、死産や流産などによってうまれることができなかった赤ちゃんのことです。生まれ出ることもできず死んでしまった子供が良いところへ行くことを願う親の心が込められていると思うと、哀切さを感じます。このように日本では、地蔵は死んだ人（特に子供）の魂を極楽へ導くという意味が強調されています。地蔵菩薩の本来の役割が死者の魂を救済することだったので、地蔵仏は韓国でもよく見かけます。ちょっとしたお寺ならどこでも、地蔵仏がおられる冥府殿《めいふでん》があります。日本でも地蔵本来の役割は、村の片隅に祀られている地蔵を見れば明らかですが、その意味が死んだ子供へとつながっていくというのが日本独特の特徴だと言えます。日本でよく見かける赤いよだれかけに赤い頭巾をかぶった地蔵菩薩は、死んだ自分の子供が良いところへいくように願う親心、さらには生きている子供の健康を願う親の心が込められている風景なのです。

ここから韓国と日本、ふたつの国の人々の深層心理をうかがうことができます。要約すれば、韓国人は弥勒がやってきてこの世界を変えてくれることを願ってきたのであり、日本人は死後の安楽を地蔵が導いてくれることを願ってきました。これを、ふたつの国の人々の現実認識と生に対する態度、問題解決の方向などにつなげていくのは「オーバー」でしょうか。

また、韓国にいわゆる似而《え》非《せ》宗教が多い理由も、ここにあると推定できます。この文を書いているいまも、コロナウイルス感染拡大にある似而非教団が関係しているという記事が話題になっています。現代韓国で、似而非宗教の乱立は非常に見慣れた現象になっています。日本の植民地時代の白白教事件から、龍華教《ヨンファギョ》、集団自殺事件を引き起こした五大洋《オデヤン》、イエス・キリスト再臨大騒動のタミ宣教会、アガトンサン、JMS、そして新型コロナウイルスの集団感染を引き起こした新天地イエス教会など、いま思いうかぶものをあげただけでこんなになってしまいます。国政壟断《ろうだん》の主犯、崔順実《チェスンシル》の父親、崔太敏《チェテミン》も弥勒を自称した似而非教主のようなかなりあやしい人物でした。

似而非宗教の特徴は、最初は既存の宗教の分派のように振る舞いながら、ある瞬間、教主が該当宗教の救世主であると称し、教主に対する信仰に変質させてしまう点にあります。生きるのが辛い人々は、一瞬のうちに自分を救ってくれる救世主があらわれるのを願っており、ほとんどの似而非教主は人々のそのような願いを利用しています。

21世紀のどまんなか、最先端科学の国、韓国のもうひとつの面です。韓国人の深層のどこか深いところに沈んでいる、2000年を超える文化の影響力を感じる場面です。

ケンチャナ？ vs 大丈夫？

英語のAre you OK？ドイツ語のAlles in Ordnung？フランス語のÇa va？中国語の没事儿（méi shir）、日本語の大丈夫？に該当する「ケンチャナ？」という表現には、「良い」「普通だ」「正常だ」「望ましい」というような意味が含まれています。

ここで「良い」「正常だ」「望ましい」という意味を内包する各国の表現を見ていけば、その国の人々が何を良い、正常だ、望ましいと考えているのかを知ることができるはずです。

まずアメリカのOKは、All Correctをかつて発音どおりにOll Korrectと書いたことに由来するという説が有力です。この説に従えば、アメリカ人たちはすべて（all）が正しい（correct）状態を、良く正常で望ましいと考えていると思われます。

ドイツ人はすべて（alles）が秩序（ordnung）整然とした状態を、フランス人は何かがうまく機能している状態（it works）を、中国人は特別なこと（事）がない（没）状態を理想的だと感じているわけです。

となると韓国人と日本人の「ケンチャナ」「大丈夫」という表現を通して、彼らが考える良くて理想的な状態についての考えについても分かるはずだと思えます。

まず韓国語の「ケンチャンタ」(「ケンチャナ」の原形)は、「コンヨンハダ」の否定形だという説と、「クワンゲハダ」の否定形だという説があります。まずコンヨンハダの否定形だという説から見ていきましょう。コンヨンハダとはどういう意味なのでしょうか。辞書を引くと、「何も理由がない」「内実がない」と出ています。

すると「ケンチャンタ」は、「何か理由か内実がある」という意味になります。転んだ人にケンチャナと声をかけるのは「何か理由があるのか?」と転んだ理由を訊く表現ということになります。話は通っているように思えます。

次に「クワンゲハダ」の否定形だという説について考えてみましょう。クワンゲハダを否定すると、わたしはその事に関与しない、気にしないという意味になります。つまりケンチャナと問うことは「そのことが気になるのか?」という意味であり、「ケンチャンタ」というこたえは「気にならない」ぐらいになるでしょう。これもまた納得できるように思えます。

そうであるとすれば、韓国人は、第一、何かについて理由や内実がある状態、あるいは第二、気にならない状態を「良い」「正常」「普通」「望ましい」状態だと考えているということになります。

日本はどうでしょうか。日本語でケンチャンタにあたる言葉は、日本の映画やアニメーションでしょっちゅう耳にする「大丈夫」という表現です。転んだ人がいたら「おまえ、大丈夫か」と声をかけるというわけです。

大丈夫というのは健康な成人男性を意味する単語です。「丈」は長さの単位で、一丈は昔の基準で約1・7メートルになります。成人男性の身長とほとんど同じです。漢字文化圏では、成人男性を「丈夫」と言い、特に健康で堂々とした男性を「大丈夫」と言ってきました。

日本語を専攻している人によると、日本に大丈夫という単語がはじめて伝えられた時は立派な男性という意味だったと思われるが、その後「非常に強い」「とても健康だ」などの意味が派生し、「間違いない」「確実だ」などの意味を持つようになったということです。日本文化では、大丈夫が良く、正常で望ましい基準として受け取られたという話になります。武士である侍階層が支配していた過去の日本では、たくましく強い男、大丈夫が望ましく理想的な状態の基準となったのだろうという仮定は妥当だと思われます。

しかしたくましい成人男性を意味する大丈夫が、ひとつの社会の理想的な基準として表象されているという事実は、その社会の他の人々、つまり女性や子供、老人に対しても同じ基準が要求されていることを意味します。誰もが「大丈夫」のように強く、「大丈夫」のように頑健でなければならないのです。

実際、日本人は男女老少を問わずみな大丈夫という表現を使っています。もちろん現在の「大丈夫」は単に何の問題もないという程度の意味で使われていますが、言語というものは人間の心を構成する重要な材料であり媒介体である点を考慮する必要があります。

　成人男性でない人にまで「大丈夫」としての行為の様式を要求するということは、その社会で守らなければならない強力な外的基準が存在することを意味します。日本人は「大丈夫」であるために、あるいは「大丈夫」のように見えるために少なくない心理的負担を感じながら生きていかなければならないのではないでしょうか。

　たとえば、「大丈夫」らしく感情表現は自制するとか、「大丈夫」らしく与えられた義務を果たさなければならないとか、「大丈夫」らしく名誉を損ずるようなことがあったら恥を感じなければならない、といった具合です。

　では韓国の「ケンチャンタ」という言葉にはどのような意味が込められているのでしょうか。「ケンチャンタ」の語源については、「何の理由も内実もないわけではない」と「関係ない」のふたつの説について前に述べました。単語の形態から見れば「何の理由も内実もないわけではない」に近いように見えますが、韓国人の心理を研究してきた立場から言わせてもらえば、「ケンチャンタ」の意味は「関係ない」「気にならない」に近いように思えます。

　文化心理学によれば、韓国人は非常に自己中心的な（主観的な）心理経験をすると考えられています。このような傾向は、さまざまな客観的事実よりも自分自身の判断をより優先させます。わたしが経験したあることも、わたしが気にならないのなら大したことないのであり、わたしが気になるのなら重要なことなのです。

この見解によれば、韓国人にとってケンチャンタとは「気にならない」状態を意味するということになります。どのようなことであれ、外からはどう見えようが「わたしが気にならない」のならその状態は大丈夫だということです。

つまり、韓国人にとっては、正常で望ましいと判断する上で主観的な基準がかなり強調されるのだと言うことができます。このような特徴は、「大丈夫」という外的基準が強調される日本とははっきりとした差があるように見えます。

結論を言えば、日本人は定められた外的基準に合致するとき望ましいと考える人々であり、韓国人は自分の心の中で問題ないと判断すればそれでよいと思う人々だと見ることができます。「大丈夫」と「ケンチャナ」からあまりにも遠くに来たのではないか、ですって？しかしここまで説明したことによれば、充分に説得力のある話ではないですか？

韓国人の恥 vs 日本人の恥

文化の勉強ぐらいやったよ、という人たちは大体、東洋を恥の文化（shame culture）、西洋を罪責感の文化（guilt culture）と考えます。人類学者のルース・ベネディクトの『菊と刀』に起因する考え方です。ルース・ベネディクトは第二次世界大戦当時日本人を理解する必要を感じたアメリカ国務省の要請によってこの本を書きました。

戦争中であったため現場での研究ができなかったルース・ベネディクトは、日本の歴史、文化、芸術、神話など多様な材料を収集して日本の文化を分析しました。現在でも日本の理解についてはこの本が最高だと言われているほどです。

『菊と刀』によれば、日本人にとって恥は非常に重要な価値です。日本人が恥を感じるのは、大きくわけて三つの場合です。第一、恩を受けてもそれに報いることができない場合、第二、義理、つまり当然そうしなければならないことができなかった場合、第三、それによって他人からあざわらわれた場合です。日本人の恥を理解するために、これらの場合について詳しく見ていきましょう。これらの三つの場合はどれも、恩という概念と関係があります。恩にきちんと報いることができないことを背恩忘徳《ペウンマンドク》と言い、韓国でも非常に重大な過ちと考えられていますが、日本文化での恩の意味はひときわ違っています。

日本人は恩を受ければそれに感謝しなければならず、また必ず返さなければならないと考えます。恩を返さなければならないため、恩を受けることを避けたりするほどです。恩を受けたり与えたりできる階層の中にいる人の場合はかまわないのですが、関係が遠かったり、自分よりも低い立場にいる人から恩を受けることは、もっとも不快なことと考えられています。

ベネディクトは恩を、受動的な義務であると見ています。恩を受けた者はこれを必ず返さなければならない負債と考えます（恩返し）。恩にはいくつかの段階がありますが、もっとも上位の恩は、天皇、主君、父母、師匠から受けた恩です。この種類の恩を返すことを「義務」と言い、いかなることがあっても必ず返さなければならず、返す期限にも限界がありません。彼らに服従し忠誠を尽くすのは極めて当然であり、彼らからどのような扱いを受けようと人々は義務を果たさなければなりません。

義務よりも若干下のレベルの恩として、自分が受けた恩と同じ量の恩を返せば良く、期限も相対的に定められているものを「義理」と言います。社会心理学者の南博は義理の概念について、「義」とは社会の構成員の各自が「当然そうしなければならない姿」を分別し行動することであり、「義」の道理が義理である、と定義しています。

韓国語にも義理という表現はありますが「先生に怒られたのに、『義理もなく』ひとりだけ逃げて」とか、「友だちなのに『義理もなく』おまえたちだけで美味しいものを食べに行ったのか」というように、韓国の義理は普通「友だちの間の特別な情」ぐらいの意味で使われます。

義理は、大きく世間に対する義理と自分の名に対する義理に分けられます。世間とはまわりの人々を意味します。共同体の構成員や、隣人、親戚、知人など、生きていきながら出会うことになるすべての人です。日本人は自分たちが生きていることを世間の恩であると考え、これを返す義務を負っていると語っています。

どのような場合でも、理由などとはかかわりなく、昔から決められていた約束に従って「当然そうしなければならない姿」で行動することが、世間の恩にこたえる方法です。日本人の典型的な姿、他人の領域を侵犯したり害を与えたりせず、秩序と規則を守ることなどが、世間に対する義理を具現する姿だと言うことができます。

最後に、自分の名に対する義理とは、他人から侮辱や非難を受けたとき、その汚名を雪《そそ》がなければならないという義務のことです。たとえば、日本人は競争に敗れると恥を感じます。自分の名に対する義理を尽くすことができないというわけです。自分の名前に値するよう奮発する場合もありますが、大抵の場合は意気消沈してしまいます。

このため日本では、名に対する義理にかかわる可能性のある状況、恥を感じさせる事態が生じないよう、あらゆる種類の礼儀作法が定められています。それにもかかわらず恥を感じたなら、その恥を雪がなければならない義務が与えられます。

恥は強力な内的統制の原理として作用します。恥を感じないようにするために、何かをしたり、しなかったりするわけです。このように日本文化は、構成員の恥によって維持されてきました。これが恥の文化です。

では韓国はどうでしょうか。日本が恥の文化なので、同じ集団主義文化である韓国も恥の文化なのでしょうか。

もちろん韓国でも、世間の目や評判は個人の行動を規定する重要な要因です。何をするにもまわりの様子をうかがいますし、物笑いの種になったり人に馬鹿にされるような行為を避けるという面もはっきりしています。しかしわたしは、韓国の恥は日本の恥とは異なる、と主張したいと思います。

その理由は、恥を感じる対象にあります。もちろん他の人に対する恥も、韓国の文化のひとつの軸であることは間違いありませんが、より重要なことは、韓国人は他人とは異なる対象に対して恥を感じるという点です。

韓国人は昔から、自分たちの行動が「天」「先賢の教え」「先祖」「父母」「子供あるいは子孫」などに対して恥ずかしくないようにすることを願ってきました。「御先祖様にあわせる顔がない」「どんな顔で御先祖に会えるのか」「子供たちの前で恥ずかしくないのか」「子孫の前で堂々としていられるのか」等々、史劇やドラマ、あるいはインターネットのコメントなどでしょっちゅう目にする表現です。

韓国人は義理ではなく法道、あるいは道理に従う人々です。法道や道理は、世の中の人の目よりも普遍的な価値を意味します。先賢の教えは時代を超越して誰もが従わなければならないものであり、天・先祖・子孫なども時空を越えて守るべき原理を示します。

普遍的な原理を追求する人々の行動の特性は、そのような原理が提示する基準に照らして自分に不足しているのはどこかを絶え間なく反省する点です。韓国人は本当によく反省します。インターネットやコミュニティの掲示板では、ある事案に対して「反省しなければならない」というコメントを毎日のように目にします。

その中には問題を引き起こした当事者に反省を促すものもありますが、大概は「わたしたちも反省しなければならない」と自分が反省するものが多数を占めています。祭りの後、街の中にゴミが捨てられたままであれば、恥ずかしい市民意識に対する反省を、政治家が争っているという記事に対しては、あのような人を選んだ国民の政治意識についての反省を忘れません。

いま例にあげた「望ましい市民意識」「政治的眼目」などは、誰かの眼目ではなく、わたしたちが追求すべき普遍的原理を意味します。時にはその模範の事例が特定の「先進国」になる場合もありますが（例、先進国になるにはまだ遠い）、政治、経済、社会、文化などあらゆる面で完璧な「先進国」は存在していない以上、韓国人にとって「先進国」もまた、古来からの「先賢の教え」に匹敵する普遍的原理を意味していると見ることができるようです。

韓国人が反省をする理由は、一言でいって「より良い人間」になるためです。儒教の普遍原理が、日本よりももっと長い時間をかけて民衆の心性にまで滲《し》み入ったためです。韓国人は普遍的原理に合うよう自分をふりかえり、修養することを望ましいと考えています。反省の過程は苦しく辛いものですが、それでもより良い存在になろうとする欲望には価値があります。存在欲求、自我実現の欲求は、どこか遠いところにあるわけではありません。

普遍的な原理の追求は、より良い社会を作ろうとする欲求へとつながります。普遍的価値に従う人々（ソンビ、君子）は、普遍的価値がより良く具現される社会を作らなければならない義務を負っているからです。「修身斉家《しゅうしんせいか》」の後に「治国平天下《ちこくへいてんか》」*なのですから。

そのせいでしょうか、韓国人は二、三人集まれば政治の話になります。誰それという政治家が間違いを犯していて、それじゃだめだ、とはじまります。さらに、この政策は間違っており、きちんとやるためにはあのようにしなければならないと熱を上げます。韓国人にとって政治は、政治家の領域にあるのではなく、自分が正しいと信じている価値を実現する自分の戦いなのです。

法道（普遍的原理）に背けば王であろうと臣下の非難を避けることができなかったのが

韓国です。拷問具につながれ、真っ赤になった鏝《こて》で焼かれ、流刑地で生涯を送ることになろうとも、朝鮮のソンビたちは王に対して、道理に従うことを要求しました。彼らにとって王とは、天に代わって天の法道を実現する人間に過ぎなかったのですから。

普遍的原理の追求は人々を行動に駆り立てます。道理に背いた現実を目にして黙っていることはできないからです。国に危機が訪れれば、義兵として、独立軍として立ち上がります。連行され、拷問を受け、催涙弾を浴びながら街頭に出た人々の胸にあったのは「子供たちに残すより良い世の中」という普遍的な価値でした。

そうであれば、普遍的価値に従うことができないときに感じる恥ずかしさは、恥ではなく罪責感と理解すべきだと思います。法哲学者のマーサ・ヌスバウムは罪責感を「自己処罰的憤怒」と規定しました。自分が間違っていたという認識からはじまった自分に対する憤怒を意味します。憤怒は回避ではなく行動につながり、行動は結果がどうであれ変化をもたらします。罪責感は、自分の行動が社会的基準にあわないことに対して感じる恥とは、明確に異なる属性の感情です。

＊「礼記」大学の一節。天下を治めるには、まず自分の行いを正しくし、次に家庭をととのえ、次に国家を治め、そして天下を平和にすべきであるという意味。

憤怒する韓国人 VS 嫌悪する日本人

書店のひとつのコーナーを埋めている「嫌韓」書籍、街で叫び続ける嫌韓デモ、放送と言論で連日繰り広げられる韓国叩き。嫌韓は否定することのできない日本の文化現象です。これに反対する市民の声もないわけではありませんが、このような現象は日本で絶えることなく、繰り返し発生しています。嫌悪という感情は日本人にとってどのような意味を持っているのでしょうか。

嫌悪は人間の生に大きな影響を及ぼす感情です。嫌悪は、吐き気、嘔吐などの強い身体的反応を随伴します。嫌悪を誘発する刺激は、排泄物、死体、腐った食べ物や虫など、ひどい悪臭とむかつきを催す姿をした対象です。

わたしたちの社会的関係は嫌悪すべきものを避けるべく、多様な試みを繰り返してきました。昔から衛生は人間社会の重要な課題でした。人間が住んでいる場所から不快な物質を消し去らなければ、虫が大発生したり伝染病が流行ったりして人々が死にゆき、社会が崩壊してしまうからです。

どのような対象に嫌悪を感じるにしても、その対象を扱う方法は社会的慣習の中に滞留していて、大部分の社会は嫌悪を与える集団や汚染物を有する人々を忌避するよう教えてきました。したがって嫌悪という感情そのものが、人間の生存と社会の維持にある程度以上の寄与をしてきたのは事実であり、これは現在も同様です。猥褻《わいせつ》に関する法などをはじめとする法体系でも、嫌悪は重要な判断の根拠として作用しています。

このように嫌悪は人間社会ならどこにでも見られる現象です。しかし、排泄物や死体といった原初的な対象から他の対象へと嫌悪が拡張していく過程は、社会によって大きな違いがあります。ここが、文化が作用する地点です。

近頃は韓国でも嫌悪は重要な社会問題として浮上してきました。特に最近目にする○○虫という表現は、ハエ、ウジ、カといった長い間人間を苦しめてきた毒虫に由来する根深い嫌悪表現です。

しかし日本であらわれる嫌悪と韓国で見られる嫌悪は、本質は同じかもしれませんが、それがあらわれる様相はまったく異なって見えます。韓国の嫌悪が、世代、性別、階層、政治的見解などおかまいなく四方八方にぶつかりながら表出しているのに対し、日本の嫌悪は韓国など特定の国籍の人々に向かってあらわれてきます。

ここでは、嫌悪という感情についての研究をもとに、韓国と日本、ふたつの国の人々の嫌悪に対する考えの差を探究していこうと思います。

法哲学者のウイリアム・ミラーは嫌悪の核心となる観念を、伝染に対する考え方であると見ました。おぞましい物質が自分の体の中に入ってきて悪い結果を起こすかもしれないという怖れが嫌悪の基礎だというのです。ドイツの文化学者、ヴィンフリート・メニングハウスは嫌悪を他人に対する態度に拡張します。簡単に言えば嫌悪とは「絶対に他人に同化したくない」という考えにつながる感情だと主張しています。

人は、自分と他の人を区分しようという欲求を持っているため、あまりにも異質な、つまり自分とあまりにも異なっている他人が嫌悪の対象になりやすい、というのです。彼らに近づきたくない、彼らに同化されたくないという思いがつのり、彼らが自分を汚染するかもしれないという恐れになるというわけです。

歴史上に存在したすべての社会は嫌悪のような強い感情を通して内集団を他の集団と区別し、集団内の連帯感を高めてきました。これが、人間の歴史において嫌悪が果たしてきた実質的な機能です。

また人間は嫌悪を通して、実際には耐え難い生の問題をうまく回避できるようになったりもしました。第一次世界大戦の敗戦の後遺症と経済大恐慌の困難に直面したドイツ人を再び立ち上がらせたのは、ユダヤ人に対する嫌悪でしたし、関東大震災の被害によって衝撃を受けていた日本人の目を逸らしたのは朝鮮人に対する嫌悪でした。

ここで、嫌悪という感情の本質にもう一歩近づいていくことにしましょう。心理学者のポール・ロジンによれば、嫌悪は忌避（感覚要素によって誘発される否定的反応）や危険（害となる結果が予想されるため拒否する反応）とは異なります。嫌悪はまず、当事者が持っている対象に対する認識によって反応を引き出すことができるという点で、単純な忌避とは区別されます。

人にチーズの臭いを嗅がせた後、ある集団にはそれがチーズの臭いだと言い、別の集団には大便の臭いだと教えたところ、チーズの臭いだと言われた人たちは喜び、大便の臭いだと言われた人々は不快な反応を示しました。嫌悪反応を起こしたのは、臭いという物理的な刺激ではなく、人間が臭いに対して持っている認識だったのです。

また嫌悪は危険とも異なります。毒キノコのような危険な対象も、それを食べたりしなければ近くにあってもどうということはありませんが、嫌悪の対象はあらゆる危険を除去したとしても依然として嫌悪の対象として残ります。いくら徹底的に消毒して栄養分だけ残したと言っても、大便から作った代替食料を食べる気になる人はいないはずです。

つまり感覚や知覚された危険とは別に、対象に対する認識そのものから嫌悪が出てくるのです。特定の対象に対する認識は、おおむねその社会の文化的背景と深く関連しています。そしてほとんどの場合、教育と学習によって代々伝承されていきます。

心理学者によると、子供たちは最小限の一定の言語能力を獲得して以後、嫌悪を経験できるようになるということです。少なくても3歳以前の乳児には嫌悪があらわれないように見えます。もちろん生まれつき苦い味を嫌うというような傾向などはあらわれますが、この年齢の場合嫌悪は忌避や危険（に対する知覚）と区別できません。

嫌悪は4歳ぐらい以後にあらわれてきます。4歳になるとすぐに完全な嫌悪を身につけるというのではなく、両親の信号に反応しながらまず忌避を学び、その後、両親と他の人の嫌悪を繰り返し経験することによって完全な嫌悪を持つようになります。

つまり嫌悪とは、両親と該当する社会の構成員から社会的に学習した結果なのです。嫌悪は社会の複雑な連携網を経て他の対象に拡張していきます。特定の対象に対する禁忌や行為の様式を含む一種の文化的観念または文化的態度が形成されるのです。

日本人が嫌悪に敏感な理由は第一に、日本が内と外という区分に敏感な社会であるという点に求めることができます。前述したように嫌悪は自分の体の内と外という境界と関連がある概念だからです。問題があり汚くて不快な物質が自分の体内に入ってくるかもしれないと感じるときの感情が嫌悪です。

自分に関連のあることを内、そうでないものを外というように区分してきた日本人には、外に存在するものに対する根深い恐れがあるようです。そのため、外に存在し外から内に入ってくるものに対する嫌悪を経験しやすく、またそのような嫌悪があらわれやすい文化的背景を持っているのです。

第二に、嫌悪は羞恥心の経験と関連があります。哲学者のマーサ・ヌスバウムは、嫌悪を原初的羞恥心とこれに対する攻撃的反応であると規定しています。人間には自分を高く評価しようという自尊の欲求があります。外部的要因によってこの欲求が挫折すると、羞恥心を感じるようになるのですが、羞恥心は「統制の欲求」に関連する感情です。自分が当然統制しなければならないことを統制できないときに感じる感情です。

心理学者のエリクソンが排泄訓練が行われる時期を「自律性vs羞恥」と命名した理由がそこにあります。ヌスバウムは、人が羞恥心を感じれば、統制感を回復しようとする試みとして、他の人に対する誹謗《ひぼう》と攻撃があらわれうる、と見ています。

ルース・ベネディクトが『菊と刀』で言及したように、日本は典型的な恥の文化です。人々は自分にふさわしい位置でなさねばならない義務を持っており、与えられた義務を果たすことができないときには恥を感じます。日本文化において、このような恥から抜け出す道は、必死になって名誉を回復するか、みずから命を絶つ――切腹――しかありません。しかし名誉を回復するのは難しく、自殺は妥当な方法ではありません。

残された道は他の人に対する攻撃です。他人に対して攻撃性をあらわにすることは、本来日本の文化的規範では許されないことですが、「外集団」に分類される人々に対しては例外です。日本で嫌悪が主として外国人に対して表出する理由はここにあると思います。日本人は、自身あるいは自身が属する内集団が恥を感じたとき、他の集団を差別し、嫌悪することによって不安から抜け出そうとするのです。

バブル崩壊以後沈滞する経済、いまだ復旧できない大地震の余波、福島の放射能、下に見ていた韓国の躍進……最近ひどくなっている嫌韓は、恥をかくかもしれないという不安から抜け出すための日本人のどうすることもできない選択なのではないでしょうか。

韓国の事情を見ていきましょう。前述したとおり韓国でも嫌悪に関連する現象が増えています。韓国の嫌悪は特定の集団に対する差別や蔑視《べっし》というよりは、憤怒の表出という性格が強いように見えます。

また嫌悪は主として支配的集団が少数の周辺の集団に対して差別するという形態になるのですが、韓国であらわれている嫌悪はその対象や方向が千差万別です。それこそ「万人の万人による万人に対する」嫌悪だと言えるほどです。だからわたしは、これは嫌悪ではなく「憤怒」と見るべきだと思っています。

マーサ・ヌスバウムによれば、嫌悪と憤怒はまったく異なる種類の感情です。嫌悪が、自分が汚染されるかもしれない不快な対象に対する拒否としてあらわれるのに対し、憤怒は不当、あるいは危害に対する考えが主となります。自分に対して不当なことが行われたという考えからはじまる感情が、憤怒なのです。

ここで思い出す文化的情緒があります。「オグル（悔しさ）」です。韓国の文化的精神病理、火病《ファビョン》の原因として注目されるこの「オグル」は、「不当に対する憤怒」と要約することができます。世代、階層、性別など韓国社会の主たる嫌悪現象を見ていくと、結局相手が持っている「既得権あるいは特権」に対する憤怒が特徴的だと分かります。自分が持てないものをおまえたちが「不当に」持っていることに対する憤怒です。

嫌悪も憤怒も結局「統制感」を獲得するための欲求からはじまる感情です。嫌悪は他人を蔑視の対象とし差別することによって、憤怒は自分が不当にやられているという考えから他人を攻撃することによって、失われた統制力を取り戻そうとします。しかし嫌悪と憤怒の結果は異なります。

マーサ・ヌスバウムは、憤怒は抵抗と建設的参加の動機となりうるが、嫌悪は逃避と放棄につながりやすいと主張しています。嫌悪は本質的に自分と他人の境界を想定しているためです。嫌悪の結果は、対象が消えてなくなるか、少なくても隔離されて自分に害を及ぼさなくなるか、です。日本のことわざ「臭いものに蓋」にはさまざまな意味が込められているように思います。

憤怒の主体は自分自身です。自分に不当なことを経験させている他人に怒りをぶつけることは、結局自分が経験している不当さを解決する可能性にいたります。その意味で、最近韓国社会で急激に拡散している嫌悪（というより憤怒）が、不当さの原因となるものに対する抵抗とよりよい社会のための建設的な参加につながれば、と祈ります。ま、そうなればいいですよね。

韓国のオウルリム vs 日本の和

「集団主義文化の人々は集団内の調和を優先視する」、比較文化心理学で広く適用している説明です。集団内での調和を重視するため、まわりの人の全体的な様子を見ながら（韓国のヌンチ vs 日本の「空気を読む」）（ヌンチは機転、才智、あるいは表情、様子の意。まわりの様子をうかがうことを「ヌンチを見る」という）、公的な脈絡で否定的な感情を表に出さず、個人の成功を他人の前で自慢したりしません。

韓国と日本は代表的な集団主義文化圏の国で、韓国人と日本人もまた集団内での調和を重要だと考えているという点はよく似ています。しかしこれまで幾度も述べてきたとおり、似たような文化があったとしてもその原理や様相まで同じとは限りません。

構成員の生存と社会の維持のためのものなので、文化の進化は生命体の進化に似ていると述べたことがあります。したがって文化は、各自が直面する環境的、歴史的条件に適応して進化していく過程で、それぞれ異なる理由によって似たような形態になることもあります。進化論で言う収斂進化《しゅうれんしんか》の概念と同様です。

調和の意味も同じです。調和は英語のharmonyを翻訳した言葉です。しかしそれぞれの文化で人々が表象する調和の意味には微妙な差があります。まず個人主義文化圏での調和の意味ですが、これは西洋音楽から類推することができます。

音楽の時間に習ったとおり、西洋音楽はリズム（rhythum）、調べ（melody）、和声（harmony）の三要素から成り立っています。和声はギリシャ語のharmoniaに由来する言葉で、音楽ではいろいろな音が同時に鳴って和音を作ることを意味します。

和音は、高さが異なる音が同時に響くときの調和によって生まれるもので、同時に響くそれぞれの音はもう個々の音ではなくひとつの和音として認識されます。まさにこれなのだ、と断定するのは難しいのですが、ここから西洋文化において考えられている調和の意味を推しはかることができるのではないかと思います。

つまり、西洋文化での調和とは、互いに異なる音が一体となって新しい和音を形成するように、互いに異なる個人がそれぞれの役割を果たすことによって作り出される単一の秩序を意味します。

集団を重視する東洋の文化に比べ、西洋の文化は個人がすべての判断と行動の主体となります。ある意味で、調和を形成するのは容易ではないとも言えるでしょう。したがって西洋の文化は個別的な個人から調和を引き出すために、厳格な役割の分担と役割に伴う責任を要求せざるをえないのではないでしょうか。

和声を重視する西洋音楽で、演奏者が好き勝手に他の音を出すことはありえないことです。みなが定められた位置で定められた役割を忠実に果たしてはじめて全体がひとつとなり調和をなします。これが西洋個人主義文化における調和、つまりハーモニーの意味です。

では集団主義の文化ではどうなのでしょうか。日本には社会の統合と調和に関する「和」という伝統的な概念があります。和は古代日本の基礎を築いた聖徳太子が強調した思想で、四方が海に囲まれていて脱出が不可能な日本の地政学的条件、そして武を尊ぶ文化から派生した社会秩序維持の原理であると理解されています。

日本の和は、全体が優先される調和です。個人は全体の中で全体の部品として機能することを要求されます。たとえば会社内での「和」とは、同じ会社の構成員であるという連帯意識にもとづき同一の目標と価値観をもって一糸不乱に同じ目標に向かって邁進していくことを意味します。

西洋のハーモニーが、それぞれ個性を持った個人がある目標のために集団を構成し、一時的に定められた役割に従うことだとすれば、日本の和はすでに定められた集団の目標のために持続的に個人の行動を統制するという性格が濃いと言えます。

このような雰囲気の中では、個人的な行動をとったり個人の本音をあらわにしたりというような行為は危険なことです。実際日本では和を乱すことは大きな迷惑であると受け取られ、このような行動をとる人はいじめに遭います。

したがって日本人は、本心である本音と、一種の社交的態度と言える建前を区分し発展させてきました。日本文化が全体主義的様相と個人主義的様相を同時に持っているのはこのためです。集団（全体）が優先視される状況では、日本人は容易に全体主義的に行動します。しかしそのような雰囲気に反発したり、あるいはそうする必要がない状況では、非常に個人的な特性を見せます。

では韓国の調和はどのような意味を持っているのでしょうか。多くの人が、韓国の宿痾《しゅくあ》とでも言うべき問題として、統合の不在に言及しています。遠くのことを考えるまでもなく、インターネットを見ても、人々は進歩と保守、労働者と使用者、男と女、老人と青年等々、考えうるありとあらゆる基準で分裂し、対立しているように見えます。韓国の伝統音楽には和声がないために韓国人は調和を形成することができないのだ、というような過激な分析をする学者もいます。はたしてそうなのでしょうか。

しかし韓国にも明らかに調和についての認識があります。それは「オウㇽリム」です（オウㇽリダ＝「似合う」「つりあう」「しっくりする」「交わる」の名詞形）。ハーモニーがそうであるように、オウㇽリムも音楽からその意味を探ることができるでしょう。国楽学者の崔鍾敏《チェチョンミン》は韓国音楽の調和は「音のオウㇽリム」にあると言っています。

韓国音楽に和声はありません。多様な拍子の体系（rhythm）を基礎として調べ（melody）が進んでいく音楽です。和声はありませんが、音色の差と演奏法の差などが韓国音楽ならではの独特なオウルリムをなしていくのです。
崔鍾敏先生の次の比喩は、西洋音楽と韓国音楽における調和の概念を推測させてくれます。

西洋人は緑色を表現しようとするとき、まずキャンバスに黄色を塗り、その上に青い色を塗る。さらに変化のある色をあらわそうとするときは、色を塗りつけた上にさらに色を塗っていき、求めている色を作り出す。いくつかの色をくわえていってひとつの色を作り出すので、個別の色は見えなくなり、結果として表現された全体の色だけが見えてくる。西洋音楽の和声なるものも、西洋画で色を混ぜる理致に似ている。いくつかの音を混ぜ合わせひとつの結果としての音を作り出すのである。いくつかの音を集めてひとつの和音を作るとき、その和音は個別の音の集合体である塊としての音響が残るだけで、それぞれの楽器が出す個別の音はほとんど消滅してしまう。全体性は生き残るが、個別性は消滅するのである。

韓国画の場合はこれと対称的だ。韓国の絵に色を重ねるという手法はない。ひとつひとつ存在する個別の色をすり潰して他の色を得るという技法もない。ただひとつの色だけを塗る。そしてそこに、全体的な統一と調和がもたらされる。韓国の山水画がそうであり、建築物の丹青《タンチョン》（宮殿、寺院などの建物に彩色の模様を描くこと）がそうであり、セクトンチョゴリのセクトン（五色の布を継ぎ合わせた子供用の袖地）もまたそうだ。女性の韓服も、たとえば藍色のチマ（下衣）に黄色のチョゴリ（上衣）を合わせるのはとても自然に感じられる。洋装の色の配合をこのようにして服を着たら野暮ったくなってしまう。韓国の色の使い方は、個別性をそのまま生かしながら全体性を作っていくため、個別性と全体性がともに独立的に存在している。

オウルリムの意味は、全体性と個別性というキーワードに要約できます。西洋のハーモニーや日本の和が、全体性のために個別性が消滅する方式だとすれば、オウルリムは個別性と全体性が共存する方式だと言えます。これは社会心理学の没個性化(deindividuation)と脱個性化（depersonalization）という概念から理解できるようです。

没個性化とは、集団の中で個人が個別性を失い集団の一員として行動する場合のことです。もちろん西洋音楽を没個性化と見るのは無理があるようです。第二次世界大戦当時のドイツや日本であらわれた全体主義の姿を思いうかべればいいと思います。

それに対し脱個性化は、没個性化とは異なり、個人のアイデンティティが集団の中で喪失することなく、集団の中でもさまざまな現象を通して自分のアイデンティティと個別性の確認が可能な状態を意味します。スポーツで、あるチームを応援する群衆に見ることができる姿です。

したがってオウルリムは「脱個性化の調和」と定義することができるようです。個々の主体がそれぞれ音を出し、全体としてそれがしっくりしている姿です。表面的にはまったく調和が見られずごちゃごちゃのようであっても、そこには明らかにそれなりの法則と流れが存在するのです。

個性を表に出すと言ってもその限界がないわけではありません。自由な自己表現と全体のために守らなければならない一定の線。その線をちょっと越えたりするのがオウルリムの妙味です。韓国を代表する料理であるビビンバは、このオウルリムを象徴していると言えそうです。各種の野菜、肉、卵、ご飯、胡麻油、コチュヂャンなどのすべての材料が各自の個性を失わず、それが混ぜ合わされて別のひとつが完成します。

日本を代表する料理が寿司であることもまた印象的です。薄く切られた魚肉とご飯は混じり合うことなく正確に境界を守っています。カツ丼、天丼などの丼物もそうです。もちろんお腹の中に入ればみな同じでしょうが、日本人が何であれ明確に分けられているのを好むひとつの事例であると思います。全体と個人の役割のように、です。

父であれば殺してみる韓国 vs 父を殺すことができない日本

近代のはじまりを告げるふたつの事件は、産業革命と市民革命です。産業革命が、神に象徴される自然の統制を抜け出して人間の時代を開いたとすれば、市民革命は神が一部の人間に与えた権威をひっくりかえすことによって個人と個人の集まりである市民が主体となる時代を開いたと言えます。

心理学、特に精神力動理論では、この過程を父親殺しのモチーフで説明します。父親殺しは世界のたくさんの地域で、神話、伝説、童話、民話として扱われているテーマです。もっとも広く知られているのが、オイディプス神話です。父親を殺し、母親と結婚するという韓国のマクチャンドラマ*も顔負けのギリシャのマクチャンドラマです。

もちろん現実の世界では、父親殺しはもっとも重い刑が宣告される犯罪です。オイディプスも自分の罪を知ると、自分の両目を抉《えぐ》り、残りの生涯を放浪することで罪の償いをし

＊ 韓国ドラマによくあるドロドロの愛憎劇。ストーリーがジェットコースター並みに急展開していくのが特徴。

たではないですか。

父親殺しは隠喩です。父親は既存の社会の秩序と権威を意味します。つまり父親を殺すということは、過去の秩序と権威を拒否し、新しい世界を開くという意味です。オリンポスの神々の王であるゼウスが、父親のクロノスを殺し、自分の世界を開いたように、です。

父親殺しはまた、主体としてのアイデンティティを確立するためにどうしても必要な過程です。精神分析家のジャック・ラカンによれば、子供は父親を殺すことによって主体としての生に一歩近づくことができるのです。父親は子供の欲求を規制し、統制する存在です。この父親を克服しなければ、子供は自分の目と意志で世界を見、生きていくことができないのです。したがって、精神分析家から見れば、近代とは父親を殺した子供が開いた新しい時代を意味します。神（自然）の命令に服従していた、そして神が付与した権威に服従していた父親は、理性（科学）と自由意志を全面に押し立てた子供たちによって歴史の裏面に消えていきました。

この近代に対する態度が、韓国と日本では根本的に異なります。文化心理学者の金《キム》珽《チヨン》運《ウン》は日本を「父親を殺さずに」新しい時代を開いた国と規定しています。日本は一度も既存の権威を打破し新しい秩序を築いたことがありません。明治維新によって近代日本を開いたのは既存の支配階級であり、彼らは過去の権威の上に作られた新しい時代を望みました。そしてその子孫たちは父の教えに忠実に従いました。

社会のシステムや外形はヨーロッパを模倣しましたが、それを動かす人々の心は昔のまだったのですから。第二次世界大戦で敗れ、GHQ（連合国軍最高司令官総司令部）によって社会が改革されたときも、天皇をはじめとする既存の権威はそのまま維持されました。

実際日本は昔から「滅私奉公」、つまり私的なことは抑えつけて公的なことに力を注げと言う言葉に慣れ親しんだ社会でした。社会心理学者の南博によると、江戸時代の処世術として「我無し」という言葉があったそうです。直訳すると「自分がいない」となります。自分の思うとおりにするのではなく、ただ公的な対象に奉仕しろという意味です。

個人的、社会的な領域の徹底した抑圧は、結局自我の不在につながらざるをえません。少なくない人々が日本人を個人主義的だと描写していますが、南博はこのような姿は「服従の仮面をかぶり適当に私利私欲を達成する」ための自我、つまり主体的かつ自由な自我ではなく私利私欲にとらわれた利己的な自我に過ぎないと主張しています。

精神力動理論によれば、子供が父親を殺すことができなかったということは、ひとつの主体として立てなかったことを意味します。新しい時代を動かしていく子供たちの動力は、父親を殺したという罪責感と、これを克服するための反省と努力からはじまるからです。

韓国ではどうでしょうか。過去のある時点までの韓国は、日本と大きく変わりませんでした。韓国もまた「父親を殺すことができなかった」国でした。文学博士のキム・ヨンヒによれば、韓国の伝説、説話、民話には父親殺しではなく「子供殺し」というモチーフがあらわれているということです。

凶作のときに父母を養うために子供を殺したり（孫順《ソンスン》埋兒《メア》、童子蔘《トンジャサム》など）、現在の秩序を転覆する英雄が生まれると父母と村の人たちが後難を恐れてその子供を殺してしまう（こども将軍の説話）などです。親を扶養するために息子を埋めて殺そうとした孫順《ソンスン》は国家から大きな賞をもらい、世の中を転覆するこども将軍を殺した親は逆賊の親になる危険から逃れることができました。

子供殺しの叙事は、父親として表象されている既存の秩序に対する服従と献身を意味します。子供の要求に対する父親のこたえは、服従と献身であったわけです。孝を第一の価値としていた韓国の歴史で、父親殺しは想像もできない悪行として受け取られていました。韓国が長い間息子を犠牲にするという方式で維持されてきた証拠でもあります。

しかし歴史は韓国人に他の選択を強要しました。朝鮮が日本に強制的に併合され、既存のすべての権威と秩序が一朝にして否定されてしまったのです。精神力動理論の隠喩として見れば、父親が他の人の手によって殺害された、というわけです。

父親を殺した他人は、子供たちの存在もまた否定しました。そのため子供たちは生きのびるために戦わざるをえませんでした。したがって近代以後、韓国人の無意識には、自分を守ることができなかった無力な父親に対する否定と、父親を殺しその位置に入り込んだ他者に対する否定が共存することになりました。

韓国の現代史は、継続して新しい父親があらわれ、子供たちがその父親を殺すという状況の連続でした。日本の植民地時代の独立運動、解放後の戦争と分断と続く時代の思想闘争、独裁と戦った4・19（李承晩《イスンマン》政権を倒した1960年の民主化運動）、5・18（1980年5月18日に発生した光州事件）、6月抗争（全斗煥《チョンドゥファン》政権期に起こった1987年の民主化運動）、近くは2016年のロウソク革命*まで、韓国の現代史は不当に父親の地位を占めた者たちを追い払い、主体として立つための子供たちの闘争の歴史であったと言えます。

政治的な側面だけではありません。法事のたびに繰り返される祭祀の葛藤、権威的な職場文化をめぐるコンデ（頑固親父）論争、伝統的な性役割にはじまる男女の葛藤等々、韓国では想像しうるあらゆる分野で伝統と権威が絶え間なく挑戦を受けています。プロの不平屋という言葉が実態もなく出てきたわけではありません。

父親を殺すことができなかった日本、父親を殺し続けた韓国。言葉の与える印象が少し殺伐としていますね。父親を殺すというのは精神力動理論の隠喩だという点を思い出して

＊　韓国で起こった政変。職権乱用・機密文書漏洩・収賄などの疑惑が発覚した朴槿恵元大統領に対して退陣を求める大規模なデモが発生。デモ参加者がろうそくを持って集まったことからロウソク革命と呼ばれた。

ください。

父親を殺したことと殺すことができなかったことの差は、変化に対する態度につながります。韓国人は幾度となく父親を殺し、新しい秩序を構築しようと努力してきました。韓国ほど変化の速い国はないでしょう。その結果、韓国は植民地支配を受けた国としては唯一、先進国の列に並び、急変する世界史の流れの中で自分の位置を探そうとしています。

とにかく速い時間の中で多くの変化が起こったので、それだけ解決しなければならない問題も多く残りました。これは韓国人に与えられた宿題でしょう。外から見れば混乱の極みのように見えるでしょうし、内から見ても騒がしい限りですが、韓国人は何とかしてやりとげていくはずです。これまでそうやってきたように。

一方父親を殺すことができなかった子供たち（たとえば日本人）は変化を恐れます。強く立派な父親の命令に従っていれば、安全であり、安心できるからです。しかし父親の権威に依存することに慣れてしまった子供は、自分の前途を主体的に切り開く意志を持つのが難しくなります。

彼らはみずからを変えなければならない葛藤や問題に直面すると、父親の背の後ろに隠れたり、自分の内的世界に沈潜しようとします。社会に問題があっても問題を提起したり変えようとはせず、自分が選んだ政治家がきちんと仕事をしなくても自分とは関係ないことだという態度は、主体としての自己認識が不足していると言わざるをえません。

もちろん文化はそれなりの理由を持っており、父親を殺さないと決定した日本の文化もまた、だれかがどうのこうのと言うべき部分ではないでしょうが、現在の日本の姿は、日本に住んでいる日本人の立場から見ても、日本と膝をつき合わせて生きていかなければならない韓国人の立場から見ても、望ましい状況ではないように思われます。

韓国の「アルダ」vs 日本の「分かる」

わたしは一度だけ日本に行ったことがあります。2004年の4泊5日の旅行、それだけです。たった4泊5日、日本に行ってきただけで日本についての本を書くなんて、と思う方もいると思います。しかしある文化の中で長く住んだ人がその文化を一番良く理解しているというわけではありません。文化を理解するのと、その文化の中で長く暮らしたということは別の問題です。

ルース・ベネディクトは一度も日本へ行ったことのない状態で『菊と刀』を書きました。最近のことで言えば、2019年の日本との貿易紛争と、最近のコロナ危機の中で、日本についてのおびただしい間違った判断と役にも立たない助言を乱発したいわゆる「専門家」の方々の例があります。その方々が間違った原因は、日本へ行った経験がないからなのでしょうか。その方々は、日本に屈服しなければすぐにでも国が亡ぶかのように大騒ぎしていましたが、あれから時間が過ぎて、日本の輸出規制が韓国経済に及ぼした影響はゼロに収斂《しゅうれん》したことが明らかになっています。むしろ長い間日本に従属していた産業が独立する契機を得たと評価されています。韓国の脱日本化は現在も続いています。

もちろんわたしはルース・ベネディクトに比肩しうる学者ではないですが、文化の原理を理解し、個人的、政治的利害とは関係なく文化を分析する能力は、誰がみても悪意と私心に満ちた分析をこととする一部の専門家よりはずっとましだと思っています。そして思ったほどよく知られてはいませんが、わたしもまた20年近く文化だけを飯のタネにしてきた「専門家」です。いずれにせよ、たった一度だけの日本旅行で一番強く印象に残ったことは「すべての面がどうしてこれほどきれいに分けられているのか」ということでした。いまも残っている、そのときに持っていった手帳に書かれてあるメモです。建物の窓、欄干、屋根と壁の間の空間など、人間が作った構造物からはじまり、目につくすべての種類の余白や空いた空間が、例外なく直線の区画によってきれいに分けられていたのです。「日本はきれいだと聞いていたけど、道端に捨てられたゴミが多い」とか「地下鉄の乗り換えがどうしてこんなに複雑なのか」といった、いくつもないメモのひとつだったことから考えると、わたしにとって「余白と空間がきれいに分けられている」というイメージは非常に印象的だったようです。当時は漠然とした疑問に過ぎませんでしたが、これが日本を理解する上で意外と本質的なものではないか、と思うようになりました。日本駐在の公務員である夫と日本で暮らしていた後輩から、ある話を聞いてからです。

日本語が拙《つたな》かったこの友人が、日本語の「分かる」を「ブンカル」と発音していた、というのです。後輩は、「分」という漢字が入っているので当然「ブンカル」と発音するのだと思い込んでいたそうです。わたしも日本語がそれほど得意ではないので、どこで笑えばいいかよくわかりませんでした。

ちょうど家に日本語を専攻している人がいたので訊いてみると、「分かる」というのは非常に初歩的な単語なので、これを「ブンカル」と読もうとしたという発想そのものが大笑いのタネになる、ということでした。しばらく大笑いしてから、突然奇妙なことを思いつきました。わかるという言葉にどうして「分」という漢字が入っているのでしょうか。日本語の「分かる」は、アルダ＝「わかる」、ケダッタ＝「覚る」、イヘハダ＝「理解する」というような意味を持っています。知らなかったことがわかるようになるという意味で、英語のunderstandと似たような脈絡で使われる単語です。

言語は存在の家と言われています。ハイデッガー、ウィトゲンシュタインなど、言語の重要性を強調した人はたくさんいます。文化心理学でも、言語は心理経験を媒介する重要な要因であると考えられています。しかし言語と心理についての科学的なアプローチは制限的です。わたしたちの言語の使用ははるかな昔から慣習化されたもので、誰によって、いつから、なぜそのような言葉を使うようになったのかすらわからないためです。したがって言語の分析は相当部分研究者の解釈に依存することになります。そこでわたしも、この「分かる」という言葉が持つ文化心理学的な意味について、一度考えてみようと思います。

まず、「分かる」「覚る」「理解する」というような意味を持つこの単語に「分」という漢字が入っているのは、日本人が考える「分かる」という概念と「分割する」という概念が密接な関係にあることを意味しているはずです。では、「分割する」と「分かる」にはどのような関係があるのでしょうか。「分」という文字は「刀」と「八」から成り立っています。文字通り刀でばらばらにするという意味です。ここから「分配する」「分離する」「区分する」などの多様な意味が派生していくわけですが、このうち「区分する」という意味が「分かる」と関連しているのではないかと思われます。

物を区別して明確にすることを「分別」といい、また「曖昧なものを分割して整理」すれば「分明」となります。区分すればわかるようになるわけです。「分かる」にはさまざまな意味がありますが、区分してわかるようになるというのもそのひとつです。分割して明確になるものの例としては、まず身分や職分などが考えられます。人々は昔から、階級や職責を分割して、自分と他人の役割を定めてきました。人間社会のすべての組織と制度はこのような過程を経て作られ、また消滅していきました。「理解する」という言葉にも「解」の字が入っているのを見ると、「分かる」という意味には何かを解体してばらばらにしていく過程が入っているように思えます。注目すべき点は、日本人の「分かる」という概念ではこの区分するという過程が非常に重要だ、という事実です。だから「分かる」という単語に「分」の字が入っているのでしょう。日本人のこのような認識がはっきりとあらわれている例があります。韓国と日本の心理学用語は大体同じなのですが、いくつかおもしろい差異があります。その代表的な例が「ｓｅｌｆ」の翻訳語です。自分を独立的な存在であると考える西洋の個人主義の文化の人々は、幼い頃から客観的に自分を観察し、概念化していき、自分の行動の基準となる「ｓｅｌｆ」という概念を発達させてきました。

自分についてそのように考えたことのない韓国、日本などの東洋の集団主義文化圏では、selfというのは耳慣れない概念です。そのため新しい翻訳語を作らなければならないのですが、韓国では「自」に肉体をあらわす「己」を加えて「自己」と翻訳したのに対し、日本は「自分」を採用しました。自分の肉体であれ、区分される自分であれ、他の人とは異なる「ｓｅｌｆ」を意味するという点では同じですが、「己」と「分」の使用は明らかに違います。韓国人は「ｓｅｌｆ」を、肉体をもった個体であると見ているのに対し、日本人は「他の人と区分される存在」と把握しているようです。

このとき「区分される」という意味は、他人と別個に独立的（independent）だという意味ではなく、他人との関係の中で（interdependent）自分に与えられた役割などによって区分されるという意味に近いのではないかと思われます。（同様に韓国語の「自己」の性格も関係の中での個体性と見るのが正しいようです）

「分」が入っている言葉の中で、もっとも日本的なものは「本分」です。もちろん韓国語にもある表現ですが、その意味と活用の範囲が日本的だという意味です。「本分」は一般的に、社会の中で各自の位置にふさわしい行動様式全体を指します。

社会心理学者の南博は、この「本分」が日本人の生活を24時間拘束していると主張しています。「本分」の束縛は時間だけでなく、空間を越えて影響を及ぼしています。たとえば、会社員は、会社の外にあっても会社員の本分を守らなければならず、学生は学校の外にいても学生の本分にふさわしい行動をとらなければならないというわけです。

このように、「分」は日本人の心理を理解する上で重要な概念だと言えそうです。そうして見ていくと、日本人はすべてがはっきりと区分された状態を理想的だと考える傾向があるようです。「分かる」方が「分からない」よりはるかに望ましいのは言うまでもありません。舞台と観客が明確に区分されている伝統劇や、本音と建前に区分されている対人関係、自分に与えられた職分に忠実な職業意識などがその例だと言えます。

一方、韓国語の「アㇽダ」にはどのような意味が込められているのでしょうか。国語辞典には「意識や感覚によって感じたり覚《さと》る」ことだと出ています。「覚る」＝「ケダッタ」の語源を見てみると「ケダ」＝「割る」と「アㇽダ」を合成した言葉だとなっていて、説明が循環しているように感じられます。その他、確実ではないですが「ケダ」＋「タッタ」〈触れる〉の合成語だという説もあるようです。

言葉というのはそういうものです。いつも自然に使っていますが、それがどこから来たのかを知るのは非常に難しいということです。しかし「アㇽダ」の解釈の中に出てくる「ケダッタ」＝「覚る」から、韓国人が考える「アルダ」の意味を、若干ではありますが推測することができそうです。謎を解く鍵は「ケダ」＝「割る」です。「ケダ」＋「アルダ」であれ「ケダ」＋「タッタ」であれ、いずれにせよ「ケダ」が出てきます。韓国人の「わかる」には「ケダ」という概念が重要だという意味になります。「分割する」ことで分かるようになる日本人とは異なり、韓国人は「割る」ことで分かるようになると考えているようです。「ケダ」＝「割る」は、いままでそこにあったものを破壊するという意味です。そこにあったものをきれいに「分割して」分かるようになるという感じではなく、既存の概念をぶち壊して新しい概念に拡張するという意味で、「ケダ」＝「割る」が「ケダッタ」＝「覚る」の中に入っていると見るのが妥当なようです。

では、このような差異はどこからくるのでしょうか。文化についての質問は、また別の質問へと続きます。このような質問にこたえていけば、韓国と日本の文化的差異とそこからはじまる韓国人と日本人の心の差も推測できるようになるはずです。

もちろん苦労してこたえを得ても、それが正解である保証はありません。それを検証する方法はありません。ですがわたしの周囲で起こっていることについて、ああでもないこうでもないと考えていくことができるというのが、文化を勉強する魅力ではないでしょうか。そういう考えの中のひとつが、わたしが気になっていることに対する新しい観点を提示してくれるかもしれないからです。

コラム③ 文化を読み解く踏み石

他の国の文化を見習うのが難しい理由

わたしたちはよく、他の国を見習おう、というようなことを言います。特にマスコミによく登場する国が日本です。韓国と地理的、歴史的に近い国でもあり、韓国がたどっている発展の過程を先に経験したという点でも、一理あるとは思います。代表的なものをあげると、わずかなことでもおろそかにしない職人気質を見習おう、清潔な街を見習おう、秩序を守る市民意識を見習おう、ノーベル賞を続々と獲得する科学界を見習おう、優れたゲームやアニメーションを作る想像力を見習おう、さらには、日本はサッカーに負けてもロッカールームの掃除をしていくのだからこれも見習わなければならない、というようなニュースが流れてくるほどです。

一見正しそうに思えます。韓国社会は多くの問題点を抱えており、その問題を解決するために他国の文化を参考にするというのは必要なことでしょう。しかし他国の文化を見習うというとき、注意すべきことがあります。ふたつの国の文化的背景を考慮しなければならないという点です。

人間の行動は、彼らが住んでいる文化によって規定されています。うまく機能しているある国の文化は、その国の人々が自分たちの歴史的、環境的条件のもとでうまく生きていくために創り出してきた産物です。そのようなものを他の国にそのまま導入する？　副作用はないのでしょうか。

これまで教育や福祉、経営などで外国の優れた制度や文化を国内に導入しようという試みは幾度もありましたが、その結果はどうだったでしょうか。受験生は毎年変わる入試制度のために困惑し、経営や行政もその首長がかわる度に変化する方針のせいで混乱しています。そうして、もとの国ではうまくいっていた制度が韓国ではうまくいかない理由を、未開な国民のせいにしたりします。制度は優秀なのですが、国民がそれを受け入れるレベルにないためうまくいかないのだ、という説明です。本当にそうでしょうか。

他の国の文化を見習うのがなぜ難しいのかを説明するために、生物学の理論をひとつ借りてくることにしましょう。収斂進化（convergent evolution）という概念です。収斂進化とは、系統的に関連がないふたつ以上の生物が、適応の結果似たような形態を獲得するという意味です。

代表的な例として、翼竜、鳥、コウモリの翼をあげることができます。翼竜は爬虫類、鳥は鳥類、コウモリは哺乳類です。しかしこの三種の生物は、環境により適応した結果、翼を持つようになりました。

翼の構造は三種でそれぞれ異なります。翼竜は四番目の指で皮膜となった翼を支え、鳥は指の骨があわさった骨から羽がぎっしりと生えていて、コウモリは長くのびた四本の指の間を皮膜が覆う形態です。翼を持っているからといって、その起源や飛行の原理まで同じというわけではありません。このように自然界には、形態は似ているけれどもその起源がまったく異なる生命体がたくさんいます。同じような環境で生きていくために進化してきた結果です。

文化はどうでしょうか。もちろん生命体と文化を同じレベルで論議するのが難しいのは事実です。しかし文化が変化していく過程は、生命体の進化に類似しています。生命体や文化が変化していく理由は、個体の、そして集団の「生存」であるからです。

生命が生存のために環境に最適化していくのが進化であるならば、人々が生存のために環境に最適化した結果がまさに文化だと言えます。人々が生きている環境（自然的＋社会的）が継続して変化していくとき、集団の文化は生命体が進化していくように変化していくからです。

しかし人々は、コウモリと鳥の差異はよく知っていても、文化と文化の差異はそれほど重要ではないと考えているようです。人間が生きているんだから似たようなものだ、というわけです。たとえば、心理学では韓国と日本を同じ集団主義文化圏に分類しています。しかし生きてきた環境と歴史が異なるふたつの国の文化を「集団主義」というひとつの単語でまとめてしまうのがはたして妥当だと言えるのでしょうか。それも科学的学問を標榜している心理学において。

韓国と日本の社会現象を見ていくと、明らかに「集団主義的」であるにもかかわらず、その理由が異なる事例があります。たとえば、ブランド消費の傾向です。ルイ・ヴィトンのようなブランドは、韓国でも日本でも大量に売れていますが、その売れ方のパターンは異なります。

日本ではひとつのブランド（たとえば、ルイ・ヴィトン）の中の同一製品がたくさん売れます。それに対して韓国では、同じブランドの中のさまざまな製品を購買するという傾向があるといいます。表面的には、ふたつの国の人々がブランド品を多量に購買するという共通点はあるのですが。

典型的な集団主義的解釈でこのような消費パターンを分析するとこうなります。集団に属していれば安心を感じることができ、集団内の調和を追求する集団主義文化の人々は、自分が属している（あるいは属したいと思っている）集団の表象として特定の商品を購買する、という解釈です。大きく見れば、間違った話ではありません。鳥、コウモリ、翼竜、昆虫、ムササビはみな翼を持っている、という話と同じです。しかし現象の裏にある意味は同じではありません。

日本人が特定のブランドの製品を購入することによって、自分もその集団に属しているという安心感を追求しているのだとすれば、韓国人は特定のブランドの製品を購入することによって、自分が他の人とは区別される存在だという欲求を充足させていると言うことができます。

このように文化には、類似して見える現象でも、互いに異なる心理的原因がある事例があります。生物学での収斂進化と似た過程だと言えるでしょう。これが、他の文化を「見習う」ことが難しい理由です。ある文化には、それなりの理由があるからです。

コウモリが、鳥の飛び方がうらやましいからと言って、鳥の翼を見習うことはできません。いくら鳥の真似をして羽ばたいても、皮膜が消えて羽が生えてくるはずはありません。当然、コウモリが鳥のように飛ぶのは不可能です。コウモリはコウモリのやり方で飛ばなければなりません。鳥の場合も同じです。

したがって互いに異なるふたつの文化を比較するときは、その構造と機能を理解した上で、同じ次元で比較していかなければなりません。表面にあらわれた姿が似ているからといって、その機能が同じだという保証はなく、同じ機能であったとしても、そのメカニズムが同じとは限らないからです。

だからといって、他の文化を見習う必要がまったくないという話ではありません。世界の他のすべての文化と同様に、韓国の文化も完全無欠ではありません。文化は変化する環境と人々の欲求にあわせて絶え間なく変化していくものですし、また変化していかなければならないものです。

ただここで言いたいのは、他の文化を見習うためには、その背景を理解する必要がある、ということです。そして他の文化の真似をする前に、自分の文化にそれと似た機能を有する部分はないのか、と探してみる必要があります。そうやってはじめて、他の文化を見習う目的（わたしたちがより良く生きるため）にかなうことができるのであり、またその過程で不必要に自分を卑下することも防ぐことができます。

第4章
韓国人と日本人の深層心理

第4章では、韓国と日本、ふたつの国の人々の心を扱うもっとも本質的な部分についてお話ししていこうと思います。これまでは、韓国vs日本というような形で叙述してきましたが、ここでは韓国人と日本人の心を別々により深く見ていくつもりです。

韓国と日本の文化は、あるひとつの基準についての考えによって分離しているように思えます。その基準とは「境界」です。「線」、または「壁」と言ってもいいと思います。境界は、わたしと他人を、内部と外部を、内側の世界と外側の世界を分離する基準です。

韓国人にとって、そして日本人にとって、境界とは、線とは、壁とは何なのでしょうか。彼らはどうしてそのように考えるようになったのでしょうか。これまで見てきた韓日両国の文化現象と、自分でもどうしてそのようにするのか知らないままふたつの国の人々が行動するそのもっとも根源的な理由を、もしかしたら見つけることができるかもしれません。

韓流はどこからはじまったのか

韓流は現在否定できない世界的文化現象です。アジアの一部の国で韓国ドラマが熱狂的に受け入れられたことからはじまった韓流は、K-POP、K-映画を越え、K-ビューティ、K-フード、K-医療など多様な分野に拡散しています。当初は、さまざまな理由で韓流を認めようとしなかった人々も、ことがこうなってしまうともう受け入れざるをえない趨勢《すうせい》です。韓流が世界的な潮流になった理由は何なのでしょうか。経済成長によって発達した文化インフラ、粘り強く自分の世界で最善を尽くしてきたアーティストたちの努力、インターネット、ユーチューブなどの新しいメディアの発達など、さまざまな要因が考えられますが、韓国文化と韓国人の心理的特性もその一助になったと考えられます。

外信やメディア関係者たちが韓流についてのさまざまな分析を発表していますが、主としてコンテンツそのものに対する考察であり、韓流と韓国文化の連関性に言及したものはほとんどありません。学界(?)でもそれなりに、この韓流という現象がどこからはじまったのか、そのこたえを探し出そうと努力しています(心理学界ではありません)。

わたしも、さまざまな学術誌を見てきました。高句麗の舞踊塚の壁画と少女時代を連関させたり、儒教の経典からPSYのコミカルな動きを探ろうとする試みまで……非常に興味深い研究がたくさんありました。もちろん、どれひとつとして同意できませんでしたが。

韓流の根は多様な韓国文化にあります。それがどのような形であったにしても、です。しかしPSYの馬乗りダンスが狩猟図の騎馬人物に由来するだとか、ハングルの優秀性が韓流拡散の主たる原因であるというような主張では、いまはおもしろくて気分もいいかもしれませんが、きちんとしたこたえに接近することができないのは明らかだと思います。

このように一次史料に近い材料と現代の文化現象を直接結びつけようという試みには無理があるように思えます。古代に踊ったり歌ったりした記録がある民族は韓国だけではないからです。歴史的材料にあらわれる過去の韓国人の姿が現代の他の国の人々とまったく異なり、そのような属性が現代の文化現象にあらわれた現代韓国人の「心性」と共通点がある、というような主張なら通用するかもしれませんが。

人々は、現代韓国人の多くの特性が現代になってから習得されたものだと考える傾向があります。過去、儒教文化と集団主義文化の影響によって自己表現もできず楽しむすべも知らずに生きてきた韓国人が、現代の経済発展と文化開放の影響で個人主義化し、自己主張も強くなり文化芸術も発達したという解釈です。しかし韓国人のこのような側面は、歴史的に非常に古い根を持っています。いくつかの歴史的記録を通して、韓国人の心性の根を見ていきましょう。

『顕宗実録《ヒョンジョン》』の1662年7月の記事に、全羅南道務安《チョルラナムドムアン》の漁民18人が嵐のために琉球まで流されたという記録が残っています。言葉が通じないため朝鮮の漁民も沖縄の人もしばらくにらみあっていましたが、そのうちどういう事情だったのか分かりませんが沖縄の人が太鼓を持ってきたそうです。すると朝鮮の人たちは太鼓を打ちながら歌い踊りはじめました。それで沖縄の人たちは「あ、こいつらは朝鮮人だ」と言いながら、朝鮮語が分かる人を連れてきて、その後無事に漁民は朝鮮に戻ってくることができたそうです。沖縄の人たちは、太鼓を打ちながら歌い踊る人たちを見て、どうして彼らが朝鮮人であることが分かったのでしょうか。少なくても沖縄の人たちは、他の国の人とは異なり朝鮮人たちは「太鼓を打ちながら歌い踊る連中だ」という事実を知っていたわけです。

「太鼓を打ちながら歌い踊る朝鮮人」というイメージはもっと古代にさかのぼります。中国人は自分たちを窮理尽性《きゅうりじんせい》の民、韓国人を鼓舞尽神の民と描写してきました。窮理尽性というのは『周易』にある言葉で、心を尽くして理致を探究する、という意味であり、鼓舞尽神は、興に乗って太鼓を打ち踊る、という意味です。『三国志』の『魏志東夷伝《ぎしとういでん》』に、東夷の人々は一度遊びはじめると何日も徹夜で酒を飲み歌い踊る、という記録がありますが、鼓舞尽神という言葉はここからきたものと推定できます。古代中国人はすでに韓国人(東夷族)を自分たちとは異なる心性の人々だと理解でいていたことが分かります。

時代が変わり、過去のたくさんの文化が消えていきましたが、この部分(酒を飲んで歌い踊る－feat.太鼓）は現在も変わっていないように見えます。それだけに韓国人の本性にもっとも近い姿ではないかと思います。

戦争、飢饉の惨禍が国を襲っても、この姿は消えませんでした。現代に入っても、日本の植民地支配と戦争などによって一時的に消えたと思われた時期もありましたが、この姿はどこかに残り、綿々と受け継がれてきました。それが健全な脈絡であれ、不健全な脈絡であれ。楽しいことがあっても、悲しいことがあっても、晴れていようが雨が降っていようが、（飲酒）歌舞は歴史の中で韓国人とともに歩んできた文化だったのです。

歌と踊りは、はるかな昔から人類とともにありました。歌と踊りを通して人々は憂いを忘れ喜びを表現し他の人と親密になりました。韓国の歴史で歌と踊りが特に重要だったという事実は、韓国人が歌と踊りの機能をよく理解し、それを生にうまく活用してきたということを意味します。生まれついた音痴でもない限り、しょっちゅう歌ったり踊ったりしていれば自然にうまくなります。またそれを見る機会が多ければ、鑑賞する目も鋭くなるでしょう。一緒に歌ったり踊ったりしていれば、相手と呼吸を合わせたり観客と受け答えする技も学んでいきます。どのように歌えば、どのように踊ればかっこよく見えるのか、人々が喝采するのかが分かってくるというわけです。

韓国人は、幼稚園から小中高を経て大学にいたるまで、のど自慢をします。親戚が集まれば子供たちは歌や踊りを披露します。一杯やれば歌が出てきます。宴（パーティ）にバンドが来るのは当然で、観光バスの中でもディスコ音楽が流れます。散歩をする人も（イヤフォンはどこかに置いておいて）音楽を聴きながら歌を口ずさんでいます。時には歌いながら話したりします（わたしは〜それを〜どこに〜おいたのかしら〜〜）。

韓国人にとって歌と踊りは文化的に学習する行為様式に近いものです。韓流はそのような文化が特定の時代の特定の条件と出会い花開いたものです。たとえば１９９０年代以後長い時間をかけて築き上げてきた文化産業のインフラや、２０００年代に入ってめざましく発達したインターネットなどの条件です（もちろん韓流スターとなった人々は、韓国文化の中でも特に傑出した人々です）。

ならば、韓国人はどうして歌と踊りを好むようになったのでしょうか。歌と踊りが社会に及ぼす機能のせいでしょうか。人間は何かの目的に向かってのみ行動する存在ではありません。運動する人がみな、体にいいからという理由でやっているわけではありません。文化の機能は、構成員の心の中に内在しみずから付与した意味を基礎として自動的に作動するものなのです。

韓国人が歌い踊る理由は、韓国語の中にもあらわれています。「フン（興）」（興趣）と「シンミョン」（わきおこる興趣。「シン」だけでも同じような意味で使われる）がまさにそれです。韓国人は「フン」がわきあがれば、「シン」が出てくれば自動的に体が動きはじめる人々です。歌も同じです。では、「フン」と「シン（ミョン）」とは何なのでしょうか。

なぜ韓国人は高速バスの中で踊るのか

奉俊昊《ポンジュノ》監督の『母なる証明』の最後に、高速バスの中で踊る場面が登場します。夕暮れの中、高速道路を疾走するバスの中で、無我の境地で踊る韓国の「母親たち」の姿です。奉俊昊監督は、幼い頃に目撃し強烈な印象を受けた場面を、映画の最後に残したのです。

わたしも高校生のとき、偶然に目撃し衝撃を受けた高速バスの中の踊りをいまも生々しく覚えています。韓国人はどうしてこういう風にして遊ぶのでしょうか。いや、どうしてこういう風にして遊ばなければならないのでしょうか。30年前の坊主頭の高校生が絶滅危機種である文化心理学者になり、いまそのこたえを探し出そうとしています。

いまはあまり見られなくなった光景ですが、韓国人の遊びの文化には必ず「踊り」が登場します。暮らしに少し余裕が出てきた1980年代、「観光」が韓国人の重要な遊び文化として登場しました。団体でバスを貸し切り、名勝地を訪ねたのです。

でも観光の目的は名勝古跡の踏査ではありませんでした。目的地に向かうバスの中で、観光地の入口の広場で繰り広げられる歌と踊りが観光の主要な目的でした。実際に観光地に到着しても、記念写真を撮るとすぐにバスの横に設営された天幕に戻り、歌と踊りがはじまるという姿がよく見られました。家に戻るバスの中でまで踊りは続きます。いや、踊りは絶頂を迎えます。仕事と家族しか知らなかった韓国人にとって「観光」は一息つくことのできる現実からの逸脱でした。ひとかけらの悔いも残らないように真っ白に燃え尽きること、これが高速バスの中の踊りの文化的な意味でした。

高速バスの中の踊りは実に韓国的な現象です。人々は何かに憑かれたかのように危険な高速道路で身を揺らします。安全不感症、浅はか、愚かな行為というように理解されてきたこの見慣れぬ行為の正体は、儀式、つまり祭儀（ritual）なのです。祭儀とは、ある目的を持つ行為です。つまり、高速バスの中の踊りは、祭祀や宗教儀式のように、文化的に約束された行為を通して文化的に構成されたある機能を遂行してきたのです。高速バスの中の踊りの重要な特徴は、完全な没入です。考えてみてください。時速１００キロメートルで疾走するバスの中で踊るというのは、普通の集中力では不可能です。空間は狭く、バスは揺れます。しかし韓国人はその困難な行為をやるのです。一心不乱になっているから可能なのです。没入はポジティブ心理学では普通flowという概念を意味します。ある行為をしながら、水が流れるように（flow）自然にはまりこむ状態です。しかし高速バスの中の踊りの没入は、意図的な側面が強いと言えます。踊っているうちに自然に踊りに没入するのではなく、最初から全力全身で踊りに飛び込んでいくのです。

音楽は人々のこのような没入を助けます。休憩所でたくさん売られている高速道路メドレーの歌は、原曲よりも速いテンポで編曲されています。もともと高速バスで流すために作曲された歌は言うまでもありません。さらにこれらの歌には「イヒー～」「アッサー～」「サルリゴ、サルリゴ……」といった「チュイムセ」＝「合いの手」が一緒に録音されています。チュイムセは韓国の伝統芸術の用語で、音楽の間々に入り「踊るようにする言葉」のことです。「オルシグチョッタ」「チャランダ」「チファジャ」などがその例です。チュイムセは、いまここに一緒にいる人々の共感と支持を確認してくれます。「あ、ここで踊ってもいいのだな」という約束された信号です。人々はさらに速くその状況に没入していきます。

このように没入するのは、その状況で自由な表現を可能にするためです。高速バスの中の踊りの動作は単純なように見えても、個々人の個性が生きているフリースタイル、つまり自分だけの振り付けなのです。人々は興のおもむくまま、習ったこともなく決められてもいない動作で踊ります。

現代舞踊家のアン・ウンミさんが２０１５年にフランスのパリで開かれたフェスティバルで、韓国のおばさんたちの自分だけの振り付けの踊りをテーマとした公演を披露しました。踊りを習ったこともない韓国のおばさんたちの公演は評論家と観客に熱狂的に歓迎されました。彼女たちの自由な表現が人々の共感を引き出したのです。

自由な表現は、自分の感情を理解しそれを表に出す助けになります。積もり積もったストレスを解消するのはもちろん、いままで知らなかった自分自身の姿を発見することによって新しい生のエネルギーを得る効果もあります。

　このような経験、このような感情を韓国人は「シンミョン」と呼んでいます。シンミョンは、美しい服を着て舞台に立つアーティストにだけ訪れるものではありません。シンミョンは、日々の生活に忙しくてきちんと教育を受けることもできなかった人々の生の中に受け継がれてきました。辛く、悔しい思いばかりの民衆が、押し潰されないために引き出す究極のエネルギーがシンミョンなのです。高速バスの中の踊りはシンミョンに到達するための祭儀なのです。シンミョンにいたるために人々は肯定的な気分を感じることができる行為に没入します。速いビートの音楽は感情を高潮させ、一緒にいる人々の共感はこのような感情をさらに引き出す起爆剤になります。最後に、世間体のため、性格のた

ポンジュノ監督はこのシーンを撮るために物語を作った。踊る母親たちの感情を理解するまでかなり時間がかかったそう。

め、社会的地位のためにいつもはできなかったいかなる行為も許される完璧な自由の瞬間が訪れます。もどかしく、何か詰まったかのような感覚がさっと開け、自由が流れ出る瞬間です。互いの目を見ながらこれを確認した瞬間から、そこはシンミョンの世界になります。シンミョンを味わうまでは日常に戻ることはできません。一時の逸脱が終われば再び日常に戻らなければならないという思いが、シンミョンに向かう欲求をさらに燃え上がらせます。観光を終え家に戻る夜中の高速バスで、踊りが最高潮にならざるをえない理由です。

このように、何ひとつ思い残すことなく燃え尽きたとき、韓国人は「すっきりした」と言います。つまり、すっきりしたと思えなければ、韓国人は「遊んだ気がしない」のです。『三国志』の『魏志東夷伝』にある、何日も続いたという韓国人の遊びの文化の根源がここにあります。

安全性の理由で、または無教養で愚かに見えるという理由で、高速バスの踊りはだんだん韓国人の記憶から消えていっています。安全は重要です。しかし、見苦しいとか恥ずかしいというような理由で投げ捨ててしまうほど、高速バスの中の踊りの文化的な機能は決して小さくありません。高速バスでなくても、たくさんの人が集まる観光地でなくても、心がつながる人々と一緒に思う存分自分を表現してみてほしいと思います。体面のようなものはかなぐり捨てて、真っ白に燃え尽きてみてください。何ひとつ思い残すことがなくなるまで。シンミョンがあなたとともにあることを。

「恨《ハン》」とは何なのか

ユーチューブに上がっている韓国の歌（特に哀切なバラードの類）についているコメントには「国を失った唱法」や「韓国人の恨が感じられる声」というような反応がたくさん見られます。恨とは何なのでしょうか。国を失った思い？　哀切で悲しい気分？　恨は情《チョン》とともに韓国人の代表的な情緒として知られています。しかし恨とは何なのか、きちんとわかっている人は多くないように思います。

文化的な概念はもともとそういうものです。わかっているし慣れ親しんではいるのですが、それを説明するのは容易ではありません。わたしがこうだと思っても、別の人はそうではないと言います。文化というものは、象を調べる蟻のようなもので、それぞれの見方や理解の方向は違ってくるものなのです。

韓国の文化を描写しながら、恨に類似した概念に最初に言及したのは、日本人の美術評論家、柳宗悦《やなぎむねよし》でしょう。彼は自然と歴史が芸術の特性を決定するという考えにもとづいて、朝鮮の芸術は半島という地理的環境が与える運命的な歴史に関連があると主張しました。「悲哀の美」と要約できる彼の主張は、朝鮮は半島という条件のために常に外からの侵略に苦しめられ、そのため苦しみと悲しみの歴史を持つようになり、そのような歴史的経験が朝鮮特有の美観を形成した、というものです。

柳宗悦の観点は、多くの学者によって植民地史観であるという批判を受けましたが、このような考え方は日本の植民地時代を前後して広く伝播し、朝鮮戦争と分断、軍事独裁などの悲しく苦痛に満ちた現代史を経験しながら、恨は韓国人の代表的な情緒として知られていきました。

恨は韓国の悲しい歴史が作り出した情緒なのでしょうか。恨そのものが、帝国主義の時代に日本が韓国を貶めるために作り出した概念だと主張する人もいますが、さまざまな記録を見ていくと、文学的、あるいは歴史的に恨が韓国的な情緒であることを否定することはできません。ただ、恨が意味しているところは、そのように暗く沈んだものばかりではない、という点は検証していく必要があります。文化的な概念というものは、複合的で多重的な構造を持っているからです。この点を無視して、韓国人の恨は韓国の暗く悲しい歴史に由来している、と考えるのは、確証バイアスでしかありません。

では恨はどのようにして形作られ経験されていくのでしょうか。まず「韓国の悲しい歴史」がすべてではない、と言っておく必要があります。もちろん集団に共有された歴史は、文化的情緒の形成に欠かすことのできない要因ではありますが、より重要なのは文化の構成員の「経験の方式」です。

要約すれば、恨は「どうすることもできない」「取り返すことができない」ことのために発生します。つまり、恨とは、統制不可能な理由によって発生する否定的な結果による情緒です。一見、文化普遍的な情緒のように思えますが、この感情を「韓国的」なものにしているのは「主観性」です。

韓国人の感情経験の方式はかなり主観的であると理解されています。つまり韓国人は、自分に起こったことを解釈するとき、客観的な事実や他の人の観点とは別に、自分本位の解釈をする傾向があります。

不当な被害や相対的な剝奪感のように、自分の統制力が及ばない状況を非常に敏感に受け取り、また否定的に解釈しやすいということです。これは特定の時期の歴史的経験よりは、韓国人の文化的経験の方式によるものと考えられます。

続いて、恨の文化的意味と機能について考えていきましょう。恨ははじめ、オグル（悔しさ）や怒りのような、活性化された激烈な情緒として経験します。身分制社会であった過去、自分にオグルと怒りをもたらした事件を解決するのは難しかったはずです。しかし激烈な情緒を長く抱えていては、肉体も心も病んでしまいます。

長い間解決できないオグルは火病《ファビョン》の原因と考えられています。火病はＤＳＭ－４に掲載された韓国の文化的症候群です。しかし残りの人生は長く、病んでしまっては自分が損するだけです。どうにかしてオグルと怒りをなだめなければなりません。そのための過程が、恨の経験過程でもっとも重要な「内部帰因」です。

内部帰因とは、自分が経験した事件の原因を自分自身の中に探すことです。実際は、自分が経験したオグルの原因は外部にあります。誰かが、社会的状況が自分に不当な被害をもたらしたのです。しかし前述したとおり、過去、そのような不当な事件を解決するのは困難でした。教育を受けておらず、社会的な活動が制限されている人であるほど、そうだったはずです。

そして主観的解釈が中心となる韓国人の経験方式そのものが、「不当であること」に敏感なのも事実です。現代の韓国社会の主要なキーワードが「公正」であることも、その「公正」の基準が非常に相対的であることも、ここに原因があるのではないかと思われます。

自分に不当であると感じさせた現実はそう簡単には変わりません。しかし常に怒りを抱いたまま日々を耐えるのも容易ではありません。そこで、オグルな思いをした理由が自分にあると考えるのが内部帰因です。学がないから、力がないから、お金がないから、こんな目にあったのだ、と考えるわけです。

内部帰因の結果は「悲しみ」です。悲しみとは、統制不可能から来る無力感にはじまる悲痛な思いです。これ以上できることが何もないときに発生する自己憐憫《れんびん》の感情です。ここで恨の最初の機能があらわれます。自分が経験した否定的な事件の原因が、結局自分にあることを認めてしまうことによって、到底受け入れることができない状況で喪失した統制力の出所を確認するのです。

人は統制感の欲求を持っています。そして統制感の欲求は、その人の自尊感と精神健康にかなり大きな影響を及ぼすと知られています。恨が発生する状況は、統制感の喪失を意味し、統制感の喪失は自己肯定感の損傷およびそれによる否定的な結果をもたらします。

このとき統制力の行方を捜すことだけでも大きな安定感を得ることができます。いったいどうして自分がこんな目に遭わなければならないのか分からない中で、それが「自分のせい」であるという理由を探し出すことができたわけですから。周囲に対する統制感を獲得するのが帰因（attribution）の重要な心理的機能です。

大多数の民衆が、自分に襲いかかってきた不当なことを受け入れるしかなかった前近代の時代に、このような心理的過程は不当な感情を鎮める重要なメカニズムでした。オグルと憤怒は時間とともに鎮まっていき、情操ないしは性格の特性としての恨になっていきます。

しかし内部帰因の効果はここで終わりはしません。オグルの理由を探し、否定的感情を緩和させはしましたが、自分に不当な思いをさせた状況は変わっていません。自分が無力なためだという自責の念は、自分を苦しめ、自己憐憫におちいるように仕向けます。自責の念に苦しめられ、自己憐憫におちいり、暗い日々を送り続ける人もいるでしょう。

しかし、自己憐憫から抜け出し、失われた統制感を回復しようという方向に向かう人もいます。韓国文化における恨の意味はここにあります。恨には失われたこと、実現できなかったことに対する、怨めしく残念な思いがあります。そしてその思いは状況を克服する動機に変わります。

「学がないから」と考えた人は勉強をし、「お金がないから」と考えた人はお金儲けに励み、「力がないから」と考えた人は力を獲得しようとします。そしていつの日か、自分にオグルと悲しみをもたらした状況を克服するという結果にいたります。

したがって、韓国人にとって恨は、一度生じれば死ぬまで抜け出ることができず悲しみにひたっていなければならない何かではなく、いつかは解かなければならないものなのです。恨が解ければ、気分は最高でエネルギーがあふれでてきます。シンミョンです。

昔の人が常に恨とシンミョンに同時に言及してきた理由がここにあります。韓国の芸術には「恨とシンミョン」というキーワードが常に同時に登場します。もっとも的確に恨を表現した舞と言われている「サルプリ」は、後になるほど躍動的で力に満ちた舞に変わっていきます。その名前そのものが、「煞《サル》」＝「妖気、悪運」＋「プリ」＝「解くこと」である点に注目する必要があります。

恨を暗く退嬰的な情緒とだけ解釈するのは大きな理解不足です。恨は必ず解かれなければならない、シンミョンを経験しなければならないという動機につながっているからです。

熊と虎はなぜ人間になりたいと思ったのか

韓国の文化コンテンツには変身をテーマにした作品はそれほど多くはありません。平凡な人が実は力を隠していて、英雄に変身するアメリカ流のスーパーヒーロー物はもちろん、日本が元祖と言える変身ロボット物、魔法少女物、戦隊物もありません。

しかし韓国の昔話には変身の物語がたくさんあります。韓国の変身物語の元祖はやはり檀君《だんくん》神話でしょう。朝鮮民族最初の国を開く物語、檀君神話には、人間になるためにヨモギとニンニクだけを食べて洞窟の中で１００日を過ごさなければならなかった虎と熊が登場します。

韓国人なら誰でも知っているこの物語は、韓国人の心性を理解できるもっとも古い資料であり、韓国で伝承されているさまざまな物語の原型（archetype）だと言えます。韓国文化における「変身」の意味もこれを通して推測することができます。

核心は変身の動機にあります。熊と虎は「人間」になりたいと思い、桓雄《ファンウン》（檀君神話に登場する神。檀君の父）のもとを訪ねます。人間になり、（桓雄が治める）その中で暮らしたいと思ったのです。人間になるのは容易ではありません。１００日間の自主隔離と肉食禁止という、熊と虎のような上位捕食者には非常に困難なクエストが与えられます。２週間の、それも豊富な食料が支給される自主隔離も難しいのに、Ｗｉ－Ｆｉも通じない真っ暗な洞窟の中でヨモギとニンニクだけを食べて１００日間耐えるのです。結果、人間になれたのは熊（熊女《ウンニョ》）でした。桓雄と熊女の息子が、韓民族の始祖である檀君です。

　神話は事実を記述したものではありません。わたしたちはこの物語を読んで、熊が人間になれるのか、韓国人が熊の子孫なのかなどと考えるのではなく、この物語の裏に隠されている意味を探っていかなければなりません。歴史家たちは檀君神話の中に、先進青銅器文化を持つ移住集団（桓雄）が土着勢力（熊と虎）と融合する過程を読み取っています。

　文化心理学者のわたしとしては、「人間になりたい」という熊と虎の欲望を強調したいと思います。「人間でない存在」の「人間になりたいと思う欲望」こそが、韓国の変身物語の核心だからです。

　韓国の変身物語は大体、人間でない存在が人間になる姿を描写しています。檀君神話から、『三国遺事《サムグクユサ》』に出てくる『金現感虎《キムヒョンガムホ》』の虎、『タニシ娘』、『ムカデ女』、『九尾の狐』、『爪を食べた野鼠』などがそうです。少し性格は違いますが、『恩返しをしたカササギ』の大蛇や『狐の妹』の狐もいます。教科書に載っている話もあり、子供のときに読んだ伝来童話や『伝説の故郷』などで慣れ親しんできた典型的な韓国の説話です。

細かい展開や結論は少しずつ違っていますが、これらの物語に共通しているのは「人間になろうとする欲」です。虎、狐、鼠、タニシらは人間と一緒に暮らしたくて、人間になろうとします。代表的な例として、タニシ娘の変身の動機は、ひとりで住んでいる若い男と一緒に暮らすためです。

人の近くで暮らしていて人間が生活する様子を見てきた動物たちは、人間がうらやましくなり人間になろうとします。人間の暮らしもそれほどよいものではないと思うのですが、どうしてあれほどまでに人間になりたいと思うのでしょうか。

韓国の変身物語の、もうひとつの重要な特徴は、変身した存在が人間に害を及ぼさない、という点です。もちろん『恩返しをしたカササギ』の大蛇のように、復讐のために変身する例もあり、『狐の妹』のように本来の食習慣を変えることができないケースもありますが、「人間に害を及ぼさない」という点は韓国の変身物語を規定する重要な属性です。そうやってみていくと『恩返しをしたカササギ』の大蛇も、『狐の妹』の狐も結局は人に害を及ぼしません。

愛する金現《キムヒョン》のために正体を明かした虎娘や、こらえ性のない夫の裏切りにもかかわらず最後まで夫に危害を加えない九尾の狐、ムカデ女がそうです。指の爪を食べたネズミもまた、人になりましたが、人間を害そうというような意図が表面にあらわれはしません。わたしがそのネズミだったら、まず爪の主を何とかするところなのですが。

人間になりたいという彼らの欲望は、実際は人々の欲望です。人間でない存在が人間になりたいと切実に思うのは、人間として生きていくのがそれだけすばらしいことだと感じたからです。意外にも（？）韓国人は伝統的に、人間と一緒に人間社会で暮らすこの世についてかなり肯定的な考えを持っていました。

ことわざにあるとおり「犬の糞に塗《まみ》れてもこの世がいい」のです。この「現世主義」は韓国文化の重要な特徴です。現実的な問題に集中してきた儒教の影響であるとも考えられますし、それ以前から韓国人の生と心に影響を及ぼしてきた巫俗《ふぞく》に帰因するとも感じられます。

巫俗は東アジアのシャーマニズムの韓国的な類型だと言えます。シャーマン（巫堂《ふどう》）が天界へのぼり神に会うシベリアのシャーマンとは異なり、韓国の神々はみずから巫堂の身に「降りてきます」。何もうらやむもののない天上の存在である桓雄も人間の世界に降りてきます。

桓雄と熊女の息子である檀君は、祭祀長兼君王として、韓国の巫堂の先祖となった方です。伝統的に韓国の宗教は、神や来世についての言及よりは人間の問題を集中的に取り扱ってきました。このような特徴が、後世の儒教と結合し、韓国文化の現世主義的、あるいは人間中心的側面を強化してきました。

「人間でない存在が人間を愛し、人間の姿になって人間の世界に生きる」という伝統変身物のコードは、現代韓国の文化コンテンツでも繰り返されています。変身という形式よりは、その本質が現在にも伝えられているように思われます。

ドラマ『星から来たあなた』や『トッケビ』がその代表的な例です。宇宙人でありながら人間の姿で数百年生き続け、ある女性を愛するようになるト・ミンジュン（『星から来たあなた』のキャラクター）、生きているわけでも死んでいるわけでもなく、人間社会で数百年を過ごし、ある女性を愛するようになる金信《キムシン》（『トッケビ』のキャラクター）、これらのドラマの構造は、これまで述べてきた昔話と本質的に同一です。貧弱な要約だと思うかもしれませんが、どんなにすばらしいコンテンツでもその核心的な構造だけを示すと大したことがないように見えるものなので、ご容赦願いたいと思います。一言でいえば、韓国での変身の意味は「人間になりたい」「人間の姿で人間の社会で暮らしたい」という欲望と関係があるということです。

最後に、韓国での変身の意味を、他の文化圏の変身と比較してみましょう。内面の悪が自分を蚕食《さんしょく》するかもしれないという怖れを表現した西欧個人主義文化圏の変身や、現実の自分とは異なるより大きく優れた自分になろうという欲望の表出である日本の変身に比べ、韓国の変身は「他の存在もわたしのようになりたがっているはずだ」という考えからはじまっています。

こう書いていると、何かクンジャガム（「根拠のない自信感」の頭文字を取った略語）じゃないか、と思ったりもします。実際クンジャガムは韓国人の心理の重要な軸のひとつです。文化心理学で韓国人は「自己肯定感」が高い人々と規定されている、と幾度も述べてきました。自分がどういうわけか他の人より優れているような感じ、感覚を強く持っている人々です。

整理すれば、西洋の変身が、自己の一貫性を維持しなければならない個人主義の文化の圧力からはじまり、日本の変身が個人に与えられた社会的役割以外の選択肢が非常に小さい日本の文化的特性に由来するとすれば、韓国の変身には自分を優れた存在と思う韓国人の考えが反映されていると見ることができるようです。

上●『トッケビ～君がくれた愛しい日々～』は韓国で一大ブームを巻き起こした恋愛ドラマ。

下●キム・シンと死神の“ブロマンス（男同士の厚い友情）”も見どころ。お互いのことが気に食わず足を引っ張り合う、人間らしいシーンも。

いつも不平ばかり並べる人々の国

韓国には、不平を言う人が非常に多いように思えます。別の人の目には大したことのないように思えることにも不平を並べる人々です。彼らを指す「プロプルピョンラー」(プロの不平屋)という言葉があるほどです。これらの不平家の事例を見ていくと、人々の考えや感覚が異なるとはいっても、不平を持つことはいろいろあるのだな、と思ってしまいます。不平の吐露は変化の要求につながります。溶けていくスリッパ、道端で焼き上がる目玉焼きなど、才智あふれる表現で人気を集めた「テプリカ」(大邱《テグ》とアフリカをあわせた言葉。大邱の暑さを表現している)という大邱の造形物は、大邱のイメージを損ねるというある市民の苦情によって一夜にして撤去されました(その後、もったいないという別の市民の要求によって再び設置されました)。

飲み屋で出会った幼稚園の先生たちに対して「教師としてこのような姿はいかがなものか」とメールを送る保護者、母の日、父の日には親のいない子供たちが相対的な疎外感を抱くから母の日、父の日を平日に移動しようという人、TVに出てくるタレントの服装、ヘアースタイル、放送する態度を指摘する人々……。

地下鉄の運転席には、エアコンの温度が低いと寒いという乗客のメッセージが、少し温度を上げると今度は暑いというメッセージが届きます。図書室では、スリッパを引きずる音、引き出しを開け閉めする音から、隣の人の息づかいにまで、うるさいというメモが飛んで来ます。これらの行動はすべて、自分が不便だと思うという理由により他の人の行動を変化させようという意図からはじまっていると見ることができます。

もちろんその中には肯定的だと判断できるものもあります。韓国社会には、当然のように受け取られてきた不当な慣行が存在します。上司、先輩など上の人々の自然なパワハラや、能力よりも地縁、学縁を優先させる実態、容貌や性別で人を判断しようとする傾向など、韓国社会がより良い方向へ進むために改善しなければならない分野はたくさんあります。またそうするためには不平を感じる人がそれを吐露する機会も増やしていかなければなりません。しかし、いつも不平ばかり並べている人々が提起している問題の中には、それが本当に問題があり、みなが改善の努力をしなければならないのか、判断が曖昧なものもたくさんあります。たとえば、毎年開催されている華川《ファチョン》ヤマメ祭り*は、数十万の生命を

＊　毎年１月に江原道・華川郡で開かれるお祭り。会場は一面が氷で覆われた川の上で、ヤマメ氷上釣りなどのプログラムが催される。近年では１００万人を超す来場者を集め、米メディアＣＮＮに「冬の七不思議」として紹介された。

虐殺するものだから禁止しなければならないという主張があります。人間の娯楽のために動物を犠牲にしてはならない、というのです。

犠牲となる動物に共感するという面は理解できますが、ヤマメ・フェスティバルによって維持されている地域社会の経済に対する代案や、人間が1日に六億羽も食べている鶏のような他の動物との公平性を考えると、少し行きすぎのように思えます。

似たような例をあげましょう。サービス業の従業員がお客を、おばさん、おじさん、おかあさんと呼んだりするのが不快だ、という話があります。自分は結婚もしておらず、子供もいないのにそう呼ばれると気分が悪い、というのです。しかし、おばさん、おじさんというのは、他人の存在を家族の範疇《はんちゅう》でとらえるという韓国文化からはじまった呼称であり、誰かをけなす表現ではなく、厳然とした尊称です。あなたはわたしの家族ではないから家族の呼称で呼ぶなという論理ならば、客の方も食堂の従業員に対しておばさんと呼んではだめだということになります。

このようなイシューは、韓国社会が変化しながら多様な価値が混在するようになったために問題化していったものです。社会が変化することによって価値観が変わっていき、かつては当然と思われていたことに不満を感じるようになったのです。たとえば、1990年代なら、人々は好きなところでタバコを吸っていましたが、いまそんなことをすればまわり中から非難されます。

重要なのは、社会構成員の間の合意です。多くの人が同意することが、問題解決の礎石になります。しかし自分ひとりだけが感じている不満を他の人にまで強要するのは、少し問題です。ところが韓国にはそのような人が非常に多いように思えます。少なくてもそのような「類型」の人が存在するのは確かです。

さまざまな原因が考えられますが、韓国人が感じる不満のもっとも大きな要因が主観性にある点がその主因であると思われます。主観性とは、経験において「自分が感じ、受け入れた部分」です。同じ時間に同じ事件を経験した人の記憶がすべて同じではない理由はここにあります。

文化心理学では（わたしは）韓国人の「自己中心的」解釈が、韓国人の心理の重要な特徴だと考えています。ここには、高い自己肯定感と他人に影響を及ぼしたいと考える主体性自己が作用していると推定されます。

「わたしが見るときには～」ではじまる韓国人の言語習慣は、このような主観性をうかがい知ることができる決定的な事例です。「わたしが見るときには」の前では、どのような客観的証拠や反論も力を失う場合がほとんどです。このような自己中心的な経験方式では、自分の基準にあわないすべてのことに対して不満を感じるようになります。

不満は、内面の安定が崩れるときに経験する感情です。立っている床が傾いたり、寝ている床がでこぼこしているとき不満を感じるように、人々は自分の常識や信念が挑戦を受けたときに不満を感じます。そしてそれは一次的に個人（主観性）の領域です。自分が不満を感じているのですから、それに対して他人がどうのこうの言ってもはじまりません。

問題は、自分が感じている不満について他人の共感を得ようとすれば、そして他人の共感を基礎として世の中を変化させようと思えば、自分が感じている不満がどれほど社会的合意を得られるのかを判断しなければならない点にあります。世の中は自分ひとりで生きていく場所ではないからです。

不満は決して肯定的な情緒ではありません。不満のような否定的な情緒は当然幸福を感じる上で妨げとなります。韓国人の幸福度が低い理由の中には、不満を感じやすい韓国人の心の経験方式もあるはずです。

しかしここでぜひとも記憶しておくべき事実があります。世の中を変える人は、不満を感じている人だということです。社会的合意を得ようという努力と、不必要な感情的対立を減らそうという智恵がともなっていれば、いつも不平を言い続ける人々の不満は社会を変革する原動力になりえます。

アドリブの民族

歴史的に韓国人を「風刺と諧謔《かいぎゃく》の民族」と呼んでいます。文学、芸術をはじめとする韓国の文化全般に、風刺と諧謔が宿っているからです。民画『虎鵲図《ホジャクト》』（虎とカササギを描いた絵）に登場する虎の間の抜けた表情と、それをからかっているかのようなカササギの視線は、韓国人の諧謔をもっともよく表現していると言えるでしょう。

風刺は、社会的な現象や人間の矛盾をあざわらう表現方式です。風刺の心理的機能は攻撃です。わたしに否定的感情を呼び起こした対象に対して直接的な攻撃をかけることができないので、文字どおり「まわりくどく」表現することです。その反面諧謔は、憤《いきどお》ろしく悲しく痛ましい場面を笑いに昇華させます。状況自体を笑い飛ばしてしまうのです。

階級的秩序が支配していた過去、憤ろしく腹の立つ事態に直面した民衆にとって、その悔しさを解消する方法はめったにありませんでした。しかし生きるのをやめるわけにはいきません。腹が立ち、オグルな思いを抱えたまま毎日を生き続けることはできません。否定的感情を耐えることができるものに変える必要があります。つまり風刺と諧謔は、日常の否定的経験に対処する韓国人の防御メカニズムだったのです。

そうは言っても、風刺と諧謔は、現実に対する順応とはかけ離れています。風刺と諧謔には、否定的感情を肯定的に変える機能以外に、抵抗の意志の表出という機能もあります。不当な権威を認めないという、ひねくれた、鋭い精神です。

日本の植民地時代の創氏改名に対応した韓国の先祖たちの改名の事例を見ていくと、犬糞食衛（いぬくそくらえ）、昭和亡太郎、玄田牛一（「畜生」の破字）、田農炳夏（でんのうへいか）など、恐ろしい日本の権力に屈せず何としても抵抗しようという意志が感じられます。

一方、風刺と諧謔の基本原理は破格、つまり格式（形式）の破壊にあります。慣れ親しんだ状況を壊し、脈絡をひねくって笑いとおもしろみを引き出します。日本の植民地時代、珍島《チンド》地域で歌われていた『反対アリラン』で、破格の例を確認することができます。

日本政府が、民族精神を高揚させるという理由でアリランを歌うことを禁止したため、歌詞を反対に読んで歌ったというのが『反対アリラン』です。

パンデポンイル　リバカクタル　ウィノムウェ　トゥルキセ

〈そのまま読んでも意味不明だが、反対に読むと次のようになる（以下同じ）。日本の大阪、ゲタの音がうるさい、倭奴のやつら〉

ウルカルチョン　コダチャッ　ラマ　ウルランジャ

〈銃剣を持っているからってエラそうにするな〉
アリアリラン　スルスリラン　アラリガ　ナンネ
アリラン　ウンウンウン　アラリガ　ナンネ
シンスニ　イソンブッコ　ミョンガト　シルトゥンドゥ
〈李舜臣《イスンシン》の亀船が登場すれば〉
ウンナムタジュク　トゥルキセチャジョン　ラリハ　ウルサルムル
〈生き残ったやつらも皆殺しにしちまうぞ〉

このように韓国人は歴史の中で、風刺と諧謔を通して、抑圧とひっ迫に屈することなくそれを笑いに昇華し、肯定的に、時には覇気をもって生きてきました。そしてその精神は現在も綿々と受け継がれています。

韓国にインターネット時代が開かれて以後、インターネットという空間にはさまざまなパロディやアドリブがあふれるようになりました。単におもしろさを追求したものも多いのですが、やはり現実に対する鋭い批判が込められた風刺としてのパロディは韓国のインターネット文化の白眉《はくび》と言うことができます。

2016年、韓国中に拡散した弾劾ロウソク集会では、じつにさまざまなパロディがデジタルとリアルを埋め尽くしました。慣れ親しんでいたと思っていたデモの現場にあらわれた奇想天外な各種団体の旗は、当時の雰囲気をよく伝えています。

わたしたちは国政壟断《ろうだん》という初めての事態に腹を立てましたが、怒っただけというわけではありませんでした。挫折と憤怒は風刺と諧謔の服を着て成熟し、ややもすれば暴力を招きかねなかった否定的なエネルギーを肯定的なエネルギーに転換し、世界が高く評価した平和的政権交代を実現しました。

このような才気あふれる旗のもと、２０１６年の広場は公演と合唱、討論と飲食が一緒になったシンミョンあふれる場となりました。いつかあらためてお話しするつもりですが、破格はシンミョンの重要な要素でもあります。シンミョンは韓国人の文化的行動を理解する上で非常に重要な概念です。

いまも韓国のオンライン・オフラインにはパロディとアドリブがあふれかえっています。風刺と諧謔の民族を受け継ぐ「アドリブの民族」という名称にも違和感はありません。単純な言葉遊びであれ、世態をひねくる風刺であれ、わたしたちがアドリブに励む理由ははっきりしています。

おもしろいからです。

「チジョッタ」という言葉はどこから来たのか

最近芸能番組で流行している表現があります。「チジョッタ」という単語です（もともとは「破った、裂けた」という意味だが、最近「最高だ」というような意味で使われはじめた）。普通「舞台をチジョッタ」のように、主として歌手やダンサーのパフォーマンスに対して、感嘆するという脈絡で使われています。よく耳にしているはずです。日常でもこのような新しい意味でこの単語を使っている人もいます。いったい何を「引き裂いた」と言うのでしょうか。

「チジョッタ」が修飾語として使われると、そのパフォーマンスが「すごい」「すばらしい」という意味になります。「普通じゃない」「尋常ではない」という意味も含まれています。しかし「チジョッタ」の語感には何かもっと深いものがあります。

布や紙を引き裂くと、ビリッという音とともにその後ろに隠されていた物が一気に飛び出してきますが、大体そんな感覚に近いと思ってくれればいいと思います。何かを引き裂くように、強烈で衝撃的なインパクトとともに、日常の雰囲気が、パフォーマンス以前までの雰囲気が一気にひっくりかえるほど、それがすごいという意味です。

ある現象が流行するのには理由があります。流行語の場合も同じです。この「チジョッタ」という表現が韓国で、特に芸術的なパフォーマンスを形容する言葉として定着した理由は何なのでしょうか。

わたしはシンミョンの研究者です。学界で変人扱いされながら、韓国人の文化的情緒であり動機であると理解されているシンミョンの心理学的意味と過程を研究してきました。シンミョンの経験過程で、「チジョッタ」に関連があると思われる点を発見しました。わたしが「破格」と名付けたシンミョンの側面です。

シンミョンは伝統的に、韓国人がもっとも好み、理想的だと認識してきた状態です。シンが出る、シンミョンが出るという状態は、日常的な喜び、楽しみよりも一段階上にある気分です。さわやかな朝陽の中、吹きはじめた風を感じながらいれたばかりのコーヒーを手にして「シンが出てくる」と言ったりはしないじゃないですか。

シン（ミョン）が出るときは、まず生理的反応が激しくなります。胸が破れるほど高鳴り、息が激しくなり、自分でも知らないうちに飛び跳ねてみたり叫んだりと、激烈な喜びを表現するための激烈な反応を同伴します。まるで超自然的な存在、神が自分の体の中に宿ったような状態です。実際、シンミョンの語源は「神」＝「シン」にあります。

そのような激しい喜びは、自分でも分からないある瞬間に突然訪れてくるものなのですが、そのためにはいくつかの条件が必要となります。わたしが発見したのは、シンミョンの条件の中に「破格」があるということです。破格とは格式の破壊を意味します。まず韓国人は日常を支配しているある規則が破壊されるとき、激烈な喜びを感じると理解できるようです。

「チジョッタ」という感嘆詞が意味するところがここにあります。自分が目にしているパフォーマンスがそれまでの雰囲気を「引き裂き」、新しい感動と快感をもたらすとき、人々は「チジョッタ」という言葉を発するのです。

シンミョンはお祭りの時の「伝統芸能」の場のようなところにあると思っている青年たちが無意識に「チジョッタ」という表現を使っているという事実は、韓国人にとってシンミョンのＤＮＡがどれほど深く、広く食い込んでいるかをあらわす証拠だと言えるでしょう。

「チジョッタ」という表現は、普通の、一般的な、日常的なものでは韓国人に感動を、快感をもたらすことはできないということを意味しています。破格の喜びを知っているため、韓国人はより新しく、よりすばらしく、より強烈な表現を探し求めています。それが現在の韓流につながっているのではないでしょうか。わたしは韓流の本質はこの表現性にあると信じています。

ちょっと待ってください。何か重要なものが抜け落ちてしまったようです。新しい、これまでになかった、より強烈なものがすべてシンミョンにつながるわけではないという点です。わたしたちはただ新しいだけ、前になかったというだけ、強烈なだけのおびただしい試みを見てきました。そのような試みでは人々の共感を得ることはできません。嘲笑を買うことがないだけ幸運だと言えるでしょう。したがってシンミョンのための破格のもっとも重要な前提は「共感」ということになります。「チジョッタ」という表現もまた、新しく強烈なパフォーマンスに対する共感からはじまる表現であるはずです。

シンミョンのもうひとつの条件である共感には、破格を可能にするという役割もあります。わたしのパフォーマンス、わたしの行為がまわりの人の共感を得ているという考えは安定感を与えます。わたしがまた別の何かをやっても彼らはそれを理解してくれるだろう、という感覚です。まさにその感覚が訪れたときに自由な表現が出てくるのです。それまでにない、新しいわたしを表現するための動きです。その動きに他の人々がまた共感するとき、シンミョンの快感が極大化します。

それ以前の快感、自分をあらわに表現する快感が「興《フン》」だとすれば、わたしの「興」が認められ、そこにわたしの内部の潜在力まで心ゆくまで展開していく快感がシンミョンです。「わたしの何かを思う存分残すことなく繰り広げること」こそ、シンミョンの本質だと言えます。

韓国人は興に乗ることが多いという話は、自己表現の欲求が強いということを意味します。そして自己表現の欲求は、広く受け入れられたとき、つまり自分の表現が他の人の共感と認定を受けたとき、その本当の潜在力を発揮します。パフォーマー（行為者）の興を理解し共感してくれる人々の存在が必要な理由がここにあります。ここが、シンミョンの集団化が実現する地点です。

シンミョンはパフォーマーのシンミョンのように、個人的に経験するという部分もありますが、パフォーマーの行為を観賞し参加する人々につながる集団的シンミョンもあります。パフォーマーの立場で「チジョッタ」は、自分の表現の限界、自分を制限している限界を引き裂き、自分の世界を拡張するという意味であり、鑑賞する人あるいは参加する人にとっての「チジョッタ」は、これまでの日常的鑑賞と役割から抜け出してパフォーマーが創造した新しい世界に入っていくことを意味します。

パフォーマンスが短く終われば、単なるパフォーマーの短いシンミョンと見る者の一時的な鑑賞に終わってしまいますが（普通の芸能番組ではこの程度で終わります）、もう少し伝統的な意味のシンミョンはここからはじまります。引き裂かれた日常と新世界の境界、パフォーマーとわたしの境界を破壊し、いまのこの瞬間をともにしている人々とひとつになり、自分の行為と自分を区別することができず、行為者と参加者、わたしとおまえが区分できない状態になります。

わたしを表現するという喜び、人々がわたしを受け入れてくれるという満足感、あの人を理解するという喜び、ここにいる人々がみなひとつの心になったという幸福感。いまここにはこの人たちとわたしだけが存在しているように思われます。

歌手の公演で観客が合唱をし、ひとつとなる瞬間の感覚です。歌が終わるのが残念でアンコールを連呼し、再び歌がはじまると歌手と観客が一体になって喉が張り裂けるほど歌い続け、誰も彼もが立ち上がり跳ね飛ぶ時間。それを経験したことのある人ならわたしが何を言っているのかわかるはずです。

このようにして思い残すことなくすべてを解放していけば、これまでのストレスや恨と表象される否定的な感情までがきれいさっぱり洗い流される状態になります。これもまたシンミョンのひとつの局面です。すっきりとした解放感が訪れ、自信にあふれた幸福感が隙間を埋めていると感じられます。それこそどんなこととも比較できない最高の経験です。

韓国人は文化的にこのような状態を経験してきたし、またこのような状態になろうという動機を持っているようです。楽しいことがあればその楽しみを極大化しようと努力し、悲しく辛いことがあってもそれを克服し最後はシンミョンを味わうことができるように努力を傾けます。これが、シンミョンが芸術の領域を越えて韓国文化と韓国人の生に及ぼしてきた影響です。韓国人が自分の前に引かれた境界（線）をしきりに越えようと（引き裂こうと）する理由でもあります。

日本人はどうして、誰もいない家に帰っても「ただいま」と言うのか

日本語には特定の状況でほとんど必ず使われる表現があります。たとえば、挨拶の言葉も昼用（こんにちは）と夜用（こんばんは）が定められており、食事の前には「いただきます」と言わなければならず、外出するときは「行ってきます」、家に戻るときは「ただいま」と言う、などです。

長い間日本のドラマとアニメーションを観てきて不思議に思ったのは、特定の表現がその状況になると必ず登場するという点でした。その中でもわたしが一番奇妙に思ったのは、主人公が誰もいない家に帰ってきたときも「ただいま」と言うことでした。

「ただいま」には対になった言葉があります。「おかえり」という表現です。帰ってきた人が「ただいま」と言えば、家にいて迎えるひとは「おかえり」とこたえます。ところが、だれも迎える人がいないのに「ただいま」と言うのです。どう考えても奇妙なことです。

もちろん韓国語にも、該当する状況にあてはまる表現はありますが、韓国人はその状況であれば必ずその表現を使わなければならないとは考えません。みなさんの中にもひとり

暮らしの人は多いと思いますが、誰もいない家に帰ってきて「いま戻ったぞ！」と言いながら家に入ったりはしないではないですか。

わたしも10年ほどひとり暮らしをしたことがありますが、一度もそのようなことをしたことはなく、そうしなければならないと考えたこともありません。韓国語にも「ただいま」に該当する言葉はあるにもかかわらず、です。

こういう面で韓国語は融通のきく言語です。日本語で「ただいま／おかえり」と表現しなければならない状況で、韓国人は「ただいま」「行ってきたぞ」「戻った」「おれだ」など、とにかく自分が「来た」ことを伝えようとします。迎える人も「おかえり」「中に入って」だけでなく、「用事はうまくいった？」「行ってきたの？」「戻ったの？」のような疑問形で表現したり、「ご苦労様」「大変だったね」「ご飯にしましょう」など、どのような形であれ自分が「迎えている」ことを表現しようとします。

特定の文化で特徴的にあらわれる習慣があるという事実は、そのような行為様式が該当の文化にとってそれだけ重要だということを意味します。誰もいない家で挨拶をするという行為には、日本人のどのような欲求が隠されているのでしょうか。

ぼんやりと、おかしいな、と考えていたところ、「ただいま／おかえり」の意味を推測できるようになったのは『嫌われ松子の一生』という映画を観たときでした。２００６年に公開されたこの映画は、日本映画らしくない果敢な演出で話題になりましたが、わたしが観るところ日本映画の中でももっとも日本的だと言える映画でした。

松子は切実に愛を望んだ女性です。体が弱い妹のことばかり気にかけていた父親からは一度も愛されることはありませんでした。事件に偶然巻き込まれて、将来を嘱望された教師から奈落の底に落ちてしまいます。体を売り、結局は人を殺して監獄に行きます。最後まで自分を愛してくれる人を求めてさまようキャラクターです。

幾度も繰り返された愛の失敗の末、松子は監獄で親しくなった友人と偶然再会し、楽しい時を過ごします。そしてその友人の家を訪ねます。友人の家についた松子は、「ただいま」と言う友人を迎えてくれる友人の夫の「おかえり」という声に顔をこわばらせ、そのまま家を出て行ってしまいます。

自分と異なり、友人には家で待っている人がいるという事実がもう一度松子を絶望に落としたのです。父と妹からさえ捨てられた松子を迎えてくれる人はこの世にひとりもいませんでした。結局松子が生涯をかけて探し求め、さまよっていたのは帰る家であり、「おかえり」と言って自分を迎えてくれる誰かでした。

松子は死んではじめて家に帰ることができます。最後まで愛に裏切られ続け、ひきこもりとなり、夜中に公園で不良少年の暴力により殺されてしまいます。不意の死に遭った松子の霊魂は、あれほど帰りたがっていた家に戻ります。

そこには、すでに世を去っていた妹が松子を待っていました。妹は辛い旅を終えて戻ってきた姉に「おかえり」と声をかけ、松子は笑いながら「ただいま」とこたえます。世の中の目には嫌われ者と見えていた松子の一生は、この「おかえり」という言葉を聞くためのものだったのです。

映画のヒロインに過ぎませんが、松子の願いには日本人の欲求がしみ込んでいます。『嫌われ松子の一生』は山田宗樹の小説を原作としており、ドラマ、映画、ミュージカルとして愛され続けています。映画は、暗い作品なので興行は難しいという関係者の憂慮(?)にもかかわらず興行的にも大成功を収めました。

日本人の人生は家に帰ってくるためのものだと言えます。韓国人も「家が最高だ」と言ったりしますが、家に帰ってきたときに日本人が感じる安定感を韓国人が理解するのは難しいようです。

『羅生門』の作家、芥川龍之介の短編に『トロッコ』という作品があります。8歳の少年、良平が村の外の工事場で、トロッコで遊んでいて、ある瞬間家からあまりにも遠くに来たことに気が付きます。夢中になってトロッコを押していて、見も知らぬ村にまで来てしまったのです。

怖くなった良平は、泣きべそをかきながら来た道を戻っていきます。家の門口へ駆けこんだ瞬間、良平は大きな声で泣きはじめます。家族がいくらなだめても、良平は泣きやみませんでした。生まれてはじめて村の外に出た8歳の少年の純真な姿に思わず笑みが浮かんでしまいますが、この作品には家の外は恐ろしいところであり、家の中に戻ってはじめて安心できるという日本人の文化的認識と欲求が表現されています。

日本人にとって、外の世界はしなければならないことがあふれている世界です。日本文化では、自分に与えられた役割を忠実に果たすことができないときに感じる負担感には想像以上のものがあります。いつも顔をあわせている人からある日突然非難されたりいじめに遭うかもしれないからです。

そのためなのでしょうか。日本人は自分の人生をしばしば「戦い」と描写します。このような生の姿勢は、一所懸命、つまり命をかけるという言葉に要約できます。日本のアニメーションには、命をかけてさまざまな種類の戦いに赴く主人公たちが登場します。

このような日本人にとって家というのは、戦場と変わらない外の世界で疲れ果てた自分をあたたかく迎えてくれる自分だけの空間です。外と内を区分するわたしの境界の内側の世界です。

「ただいま」というのは、自分を迎えてくれるその世界に対する挨拶の言葉なのです。

日本人にとって「壁」とは何なのか

日本の文化コンテンツ、特にアニメーションに繰り返しあらわれる設定の中に「壁」があります。代表的なものとして『進撃の巨人』や『ブラック・ブレット』などをあげることができます。これらの作品には巨大な障壁によって外の世界から隔絶された社会が登場します。

壁の外には人間を取って食う巨人（進撃の巨人）や、やはり人間を殺す感染生物（ブラック・ブレット）など、恐ろしい危険が待ちかまえており、人々は自分たちを守るために壁を建設します。しかし壁だけでは安全を確保することはできず、いつの日か壁の外の危険に向かい合わなければならない状況です。

これらの作品にあらわれる主たる葛藤は、壁の外に出なければならないと主張する人々と、壁の中にいなければならないと言う人々との対立です。壁の中にいれば安全ではあるが、突然壁が破られたりすればさらに大きな危機に直面せざるをえません。だから壁の外に出なければならないと言う人々は、壁の外の危険と戦い、壁の外で生きることができるようにしなければならないと主張しているのです。

「壁」が登場するコンテンツは大体このような物語の構造を持っています。この壁は、日本人の心理を理解する上で非常に重要な象徴です。

日本人は伝統的に内と外を明確に区分してきました。壁は内と外を区分する境界です。壁の内側はわたしの領域であり、わたしが知っている場所であり、安心できるところです。そして壁の外は鬼（怪物あるいは敵）の領域であり、未知の世界であり、安心できない場所なのです。

人は壁の中で保護されようとします。中国を統一した秦の始皇帝も、自分が知っている領域の外の存在を恐れて万里の長城を築きました。しかし壁は常に安全であるわけではありません。薄い壁の向こうは恐ろしい怪物がのさばる領域です。いつ怪物が壁を破壊して中に侵入してくるかわかりません。万里の長城がそうであったように、です。

ここで人々の動機はふたつに分かれます。壁をより頑丈にして壁の中で暮らそうとする人々と、壁の外に出て怪物と立ち向かおうという人々です。恐がりで安全欲求が強い人々の選択は壁の中です。壁の外に出てひどい目にあった人々は壁の中でだけすごそうと決意します。ひきこもりがそれです。

日本人にとって壁は、セメントとレンガでできた実際の壁を意味するわけではありません。ときには人と人の間にもこのような壁を感じているようです。本音と建前に要約される日本人の対人関係は、他人と自分の間の明確な境界を想定しています。

長い間つきあい、かなり親しくなったと思っていたのに「到底越えることのできない壁のようなものを感じる」日本で長く暮らしたことのある人がしばしば口にする言葉です。親しくなればなるほど、胸襟を開き、分け隔てなく、うちとけて過ごすのになれている韓国人としては、本当に馴れることのできない部分です。

『新世紀エヴァンゲリオン』のATフィールドは、このような人間の間の壁を象徴している、という分析があります。ATフィールドは地球を攻撃してくる使徒のまわりを囲む一種の保護膜です。エヴァが使徒を撃退するためにはまずこのATフィールドを突破しなければならないのですが、これが簡単に突破できる代物ではありません。シンジが幾度も挫折と覚醒を繰り返し、必殺技を何度も繰り出してなんとか突破に成功します。

子供が成長し、家の外に出て自分の戦いをはじめるためには、まず人間の間にある目に見えない壁を破る必要があるという意味なのでしょうか。エヴァがATフィールドを破り使徒を撃退するためには、パイロットとエヴァとのシンクロが重要だという点も、かなり意味深長です。

御存知のとおりエヴァ（エヴァンゲリオン）はロボットではなく生体兵器です。シンジの父親であるゲンドウ博士が妻の生体情報をもとにして作ったものです。つまり操縦士（シンジ）は母親との合一（シンクロ）を通して相手のATフィールドを突破する力を得るというわけです。

前述したような日本の養育方式から考えると、子供と母親のシンクロ率はそれほど高くないと思われます。シンジもそうでした。シンジがエヴァに乗って敵と戦うことをあれほど悩んだのはそのせいだったのではないかとも思います。

このように、壁は自分を保護してくれますが、ときには壁を壊して外に出なければなりません。壁の中にいれば安全ではありますが、それでは何もできません。しかし壁の外に出るためには大きな勇気が必要となります。

外には恐ろしい怪物が待ちかまえているからです。したがって、命をかけて戦う覚悟がなくては、壁の外に出るのは困難です。「壁」が登場するアニメーションで、壁の外に出なければならないと主張する人々は、大体軍事集団（例、『進撃の巨人』）です。

軍人である彼らも、壁の外で次々と死んでいきます。専門的な訓練を受けていない一般人ならどうなるか、言うまでもありません。

直接的には壁が登場しませんが、壁の外の世界を扱った日本の漫画があります。『ONE PIECE』です。海に覆われた惑星で展開される海賊たちの物語です。海には壁がありません。港を出た瞬間、どのような怪物、敵、風浪に直面することになるか、分かりません。

それにもかかわらず人々が海に出て行くのは、壁の外で得られるものがより多いからです。コロンブスが新大陸を発見して以後、莫大な金銀財宝が旧大陸に流入しました。ヨーロッパはこれをもとに、技術と知識を蓄積し、世界をリードできるようになりました。

壁を越えるということは、認識論の限界を超えるという意味でもあります。新大陸の発見は、単に新しい土地を発見したという以上の意味を持っています。人間がみずからの限界を広げたのです。新大陸以後、拡張された認識から、近代の幕が開かれていきました。『ONE PIECE』の海賊たちも、「ひとつなぎの大秘宝」と呼ばれる伝説の宝を求めて世界のあらゆる海を徘徊します。海という壁は彼らを防ぐことができませんでした。海が、大航海時代の商船を防ぐことができなかったように、です。

しかし恐ろしいのはどうすることもできません。壁の外の世界で日本人が頼りにするのは「仲間」です。仲間というのは日本特有の小集団文化で、韓国語に翻訳すれば「同僚」ぐらいになるでしょうか。『ONE PIECE』の海賊たちがあれほど仲間に執着（？）する理由はここにあります。

日本人は仲間の中にいるとき、非常に大きな心理的安定感を得ます。海の怪物と戦って腕の一本ぐらい失っても平気な顔をしていられるほど怖いもの知らずの『ONE PIECE』の海賊たちは、仲間になるために、そして仲間のために、どんなことでも躊躇《ちゅうちょ》しないという姿を見せます。

彼らこそ、危険で恐ろしい海で、信じ、頼りにできる存在だからです。日本で『ONE

PIECE』があれほど長い間愛されてきた理由も想像できます。家の外に出た日本人は、仲間とともに壁を作り、その中で自分たちを守るのです。

何であれ内と外を区分し、内にとどまることを好むのが、日本人の文化的本性であるようです。しかしいつまでも内にだけとどまっていることはできません。壁の外に出るということは、認識論の拡張、つまり自分が生きている世界の拡張であり、その中で活動するようになる自我の拡張を意味します。

自分が知っている範囲の中にとどまっている限り、新しい世界との出会いも自我の拡張もありえません。壁の外にも人が住んでいて、彼らはやみくもに自分を殺そうとする存在ではなく、彼らと一緒に仲良く過ごすことができるのだというメッセージを、日本のアニメーションの中に見つけることができる日が来るのでしょうか。

日本にはなぜ変身物が多いのか

日本の文化コンテンツには変身物が実にたくさんあります。代表的なものは変形ロボットですが、変身するのはロボットも人間も関係ありません。まず思い出すのは『勇者王ガオガイガー』『太陽の勇者ファイバード』『天元突破グレンラガン』『ゲッターロボ』シリーズなどです。

トランスフォーマーとして知られている変形ロボットの先祖もやはり日本です。日本のタカラトミーが製作したダイアクロンがその原型です。これをアメリカのハズブロが買い取り、トランスフォーマーという玩具を出荷しました。これをマーベルコミックスが漫画化し、ここから『トランスフォーマー』シリーズがはじまったのです。

人間が変身する種類としては、まず魔法少女物をあげることができるでしょう。よく分からないままドキドキしながら見守った『魔法のプリンセス ミンキーモモ』の変身シーンを覚えている方もいるはずです。先祖とも言える『魔法使いサリー』から、『怪盗セイント・テール』『赤ずきんチャチャ』『美少女戦士セーラームーン』など、子供の頃の記憶がよみがえってきます。その他、かわいらしい女子高生の体からミサイルが飛び出す『最終兵器彼女』や、身体の一部が変化する『寄生獣』のような身体変形物、いつもは正体を隠して暮らしているが、敵があらわれると変身して戦う『超新星フラッシュマン』『超電子バイオマン』などの戦隊物も変身物の範疇《はんちゅう》に入ると思います。

もちろん韓国にも似たような類型の変身物がないわけではありませんが、製作時期から考えて、ほとんどの変身物の原型は日本にあると考えて間違いないようです。すると自然に疑問がわいてきます。どうして日本は変身というテーマに敏感なのでしょうか。

日本人の想像力がより豊かだからなのでしょうか。そうでないなら、日本の製作者のセンスが優れているからなのでしょうか。ある国の特徴的な文化現象には、その国の人々の心理が反映されているという当然の仮定のもとで探究をはじめていきましょう。

変身物の核心はアイデンティティの変化です。ある人物がまったく異なる存在に変わるのですから。そうであれば、日本人には現在の自分ではない他の存在になりたいという欲求があると推測できるのではないでしょうか。

変身を扱うコンテンツは西洋の文化にもあります。『ジキル博士とハイド氏』から、『狼男』、『ヴァンパイア』、『超人ハルク』なども変身する主人公についての物語です。最近流行しているゾンビ物も、人間がゾンビに変わるという点で変身物（？）の1ジャンルと見ることができそうです。

西洋圏の変身物の特徴は、変身した姿が大体醜いという点です。強い力を持っているが、容貌は……誰もが魅力を感じるような方々ではありません。この点から考えて、西洋圏の変身物で変身した姿は、内面の暗い側面を象徴していると解釈できるようです。

だれでも心の片隅に、外に出したくない暗く危険な欲望を抱えているものです。心理学者のユングはこれを影（shadow）と呼びました。外にあらわれた部分が明るければ明るいほど、内面の影は暗くなるものです。

自分でも認識するのは難しく、認識したとしても認めがたいのが影です。『ジキル博士とハイド氏』は、そのような内面の影が外に飛び出し、現実の自分を変えてしまうかもしれないという不安について物語っています。そしてこのような構造は、天才科学者から憤怒に満ちた怪物に変身するマーベルコミックスの英雄、ハルクでそのまま繰り返されます。

もうひとつ言及しておくべき作品があります。フランツ・カフカの小説『変身』です。平凡な会社員から、ある朝突然醜い虫の姿に変身したグレーゴルという青年の話です。貧しい家族のために献身してきたグレーゴルは、突然虫に変身し、家族からさえ見捨てられ、固い殻の中で一切の交流を断絶したまま死んでいきます。

1915年に発表された『変身』は、現代の産業社会において、仕事との関係から疎外された人間の不安を描いた作品として評価されています。人間はただ仕事の上でだけ評価を受け、その価値を尽くすことができなければ一朝にして虫扱いされてしまいます。この作品もやはり、存在に対する不安というキーワードで読み解くことができます。

独立的な個人として一貫した自我を維持しなければならない個人主義文化圏の人々は、表面にあらわれた自分が認識している自我とは遊離している内面のまた別の自分の姿に不安を感じるようになる可能性が大きいのです。完璧な紳士であるジキル博士の暗い自我であるハイド氏や、天才科学者のもうひとつの姿である憤怒するハルクのように、です。狼男やヴァンパイアもやはり、人間本性の暗い側面を扱っており、人格そのものがないゾンビもまた、個性と人間性が消えていく現代人についての象徴とみなされています。

しかし日本の変身物での変身した姿は、主人公の内面のもうひとつの自我というよりは、もともと主人公にはなかった容貌と能力を持っています。自分の自我ではなく、理想的な自我、つまりなりたかった自分の姿に近いと言えます。

日本の変身物で、主人公が変身する対象は非常に強いか、美しく神秘的な能力を持っています。変身した主人公が、それ以前のアイデンティティと新しいアイデンティティの間で悩むかどうかにかかわりなく、変身した姿はたいてい、かわいらしく美しく描写されています。

日本の文化はかなり硬直した文化です。社会には守らなければならない規範とやらなければならない義務が満ちており、しなければならないことをきちんとやらなかったり、やってはならないことをやってしまった場合は、まわりの人から非難され、あるいは言葉で表現できないほどの羞恥を感じなければなりません。

このような文化の中で生きている人々は、与えられた仕事に忠実な、そして定められたこと以外には考えが及ばない制限的な自我像を持つようになります。注意が他人に向けられており、他人に強要されたことを受動的に実行する自我を、文化心理学では対象的自我と呼んでいます。日本文化の中で日本人は、自分はこのような存在であると考えたまま、そこからはじまる欲望と不安を持つようになります。したがって、現実の自分には絶対に不可能なことを可能にしてくれる存在になりたいという欲望が発生するのです。変身した自分は、美しく、強く、その力であれば自分に課せられたすべての義務（友人を守るとか、世界を救わなければならない、など）を果たすことも可能になります。

変身した主人公の苦悩には差異があります。西洋圏の変身物の主人公たちは、異なるふたつの自我の間で、どの自分が本当の自分であるか悩みますが、日本の変身物の主人公たちは、はなからそんなことでは悩まないか（魔法少女物、戦隊物系列）、悩んだとしても変身した自分の役割をどう受け止めるか悩むだけで、どの自我が本当の自我なのかについては考えもしません。実際、変化した姿と以前の姿の間での役割の混乱は日本の変身物の重要なテーマのひとつです。『進撃の巨人』のエレンも自分がなぜ巨人にならなければならないのか理解できないでいますが、結局仲間のために、あるいは誰かを守るために、そのアイデンティティを受け入れていくという過程が描かれています。

西洋圏と日本の変身物の差異は、まず個人主義文化と集団主義文化の異なる自己感に帰因すると考えられます。独立的かつ一貫した自己を維持しなければならない個人主義の文化と、状況によって異なる役割を遂行しなければならない集団主義文化で、個人が感じるようになる不安と恐怖が「変身」という象徴的な方式を通して表現されているわけです。

しかしひとつ疑問があります。自分が遂行しなければならない互いに異なる役割の間での苦悩が集団主義文化で普遍的であるなら、東洋の他の国でも同じような内容の文化コンテンツがもう少し普遍的でなければいけないのではないでしょうか。

周知のとおり、変身物は日本が本場です。もちろん韓国でも変形ロボット、魔法少女、戦隊物などの日本コンテンツが、子供、青少年や一部マニアの間で深く愛されてきましたが、年齢と階層を包括する文化現象と言うには無理があります。何よりも他国（韓国も含めて）で生産される変身物は、誰が見てもその原型である日本の変身物のフォーマットにそのましたがっています。そうであれば、変身物は集団主義文化の普遍性ではなく、日本文化の特殊性にその根を持っていると見た方が正しそうです。つまり、本来自分にはなかった理想的な姿への変身とか、変身後の自分に課せられる新しい役割についての混乱などは、集団主義文化ではなく、より日本的な文化に帰因しているということを意味しています。

日本のアニメーションの主人公はなぜ必殺技にこだわるのか

日本の漫画を見ていると必ず出てくる場面があります。主人公が必殺技を使う場面です。エネルギー波、マジ殴り、覇王色の覇気等々、慣れ親しんでいる名前もたくさんあることと思います。さらに悪党どもは、主人公が必殺技を使うために、エネルギーを集めたり、いろいろと不必要な動作をしたり、過去を回想したりしている間、実に我慢強く待ってあげます。そして主人公の必殺技を喰らって倒れながら、次のようなセリフを残します。

「さすがに強い……」「敵ではあるが、認めるしかない……」等々。

少し白けてしまいもしますが、これもまた日本の漫画を読む味わいでもあります。

そうです。日本のおびただしいコンテンツに登場する必殺技の目的は主人公の強さを強調することにあります。敵が強ければ強いほど、敵との勝負が熾烈であればあるほど、主人公にはより強力な必殺技が必要になります。主人公が負けたり、死んだりするわけにはいきませんから。そんなことになればストーリーが終わってしまいます。強い敵と戦って一度や二度敗れても、主人公は在野の名人と出会ったり、あるいは不屈の意志で新しい必殺技をあみだし、次の機会にはその必殺技で敵を倒します。殴ったり蹴ったりして闘う漫画だけではありません。メカニック物やスポーツ物にも必殺技が必ず登場します。おじさんたちはよく知っていると思いますが、『燃えろ！トップストライカー』のアキーラショットをはじめ、サッカー、バレーボール、バスケットボール、テニス、卓球など、必殺技の種類に限りはありません。その想像力はさらにたくましく（？）なり、最近ではテニスでボールを打ったら時空が転換するとかいうレベルに到達しているほどです（『テニスの王子様』）。日本人の必殺技への愛は、漫画だけでなく現実でもお目にかかることができます。とりわけスポーツの場面では、特定の選手が得意とする技を必殺技のように扱ったりします。金妍兒《キムヨナ》の「ライバル」として有名な浅田真央のトリプルアクセル（三回転半）がその代表的な例です。平昌《ピョンチャン》オリンピックのフィギュア男子シングルで金メダルを獲得した羽生結弦の新しい目標は四回転を超えて四回転半ジャンプに成功することでした。オリンピックを二度も制覇した彼が四回転でも足りなくて四回転半ジャンプに挑戦しなければならない理由は何なのでしょうか。

　必殺技の本質は、一瞬にして敵を圧倒する強力な技であることです。そうです。必殺技は日本人が追求する「強さ」が極大化した実態なのです。強いといってもただ強いのではなく「圧倒的に」強くなくてはなりません。つまり日本人が追求する強さは「圧倒的な強さ」なのです。平昌オリンピックのショートトラック女子リレー準決勝で、韓国チームのひとりの選手が転倒しましたが、それでも韓国チームは一位になりました。アメリカ、カナダ、イギリスなどの西欧圏の解説陣は、幻想的だ、信じられない、すごい、驚いたという反応を見せましたが、日本の中継陣は「強い」という表現を使いました。それも「圧倒的に強い」でした。

この表現から、日本人にとって必殺技がどのような意味を持っているのか推測することができます。必殺技は主人公を「圧倒的に強く」してくれる技なのです。主人公は相手を圧倒するほど強くなければなりません。各種の文化コンテンツの主人公には、結局該当する文化の構成員の欲望が投射されています。日本人にとっては強いだけでは不足で、圧倒的に強くなければならないようです。どうしてなのでしょうか。

日本人は「すべてのこと（人間）は定められた場所で定められた役割をしなければならない」という考えが強い人々です。第二次世界大戦が終わった後も数十年間戦地で自分の任地を守った軍人や、数百年の伝統を受け継いでいる職人がその例です。日本人は社会的に定められた自分の位置で社会的に期待されている役割を果たすのになれており、またそこに安定を感じます。しかしそうできないときは逆に、居心地の悪さと大きな不安を感じます。このような感情は日本では恥として表象されます。試験に落ちたり競争に敗れたりしたとき、恥は奮発を誘導する刺激にもなりますが、日本人にとっては自信を失い憂鬱におちいる原因として作用する場合が多いようです。

ルース・ベネディクトの『菊と刀』に引用された研究によれば、競争はアメリカ人を刺激して最善の努力を尽くすようにするのに対し、日本人には作業の能率を落とす原因になるということです。負けるかもしれないという思いのため作業に手がつかなくなるのです。競争を外部からの攻撃だと考え、自分のことに専念する代わりに自分と攻撃者の関係に注意力を奪われてしまうのです。日本人が勝敗のかかった競争に弱い理由がここにあります。実力を認められた、名のある人ほど、自分に集中する他の人の期待をよく知っており、また自分がその期待にこたえなければならないという重さを認識しています。そうしてこそ「自分に与えられた位置で自分の役割を果たす」ことになるからです。

しかし一瞬のうちに勝敗が分かれる勝負の現場で、このような考えは集中力を阻害し、自分の能力を発揮できないようにしてしまいます。そのため必殺技は日本人にとって、競争の不安と敗北にはじまる恥を除去する役割を果たしてくれるのです。

自分が相手より圧倒的に強ければ、万が一にも負ける心配をする必要はなく、自分に注がれる他の人々の期待を裏切らないですみます。つまり必殺技というのは日本人にとって「自分が自分の位置で自分の役割を果たすようにしてくれる」道具なのです。

逆にいえばこれは、日本社会で「自分の位置で自分の役割を果たさなければならない」という圧力がどれほど強いかを示す証拠だと解釈できると思います。ひとりの人間が社会で自分の役割を果たすために「必殺技」まで必要とするほどなのですから。

日本人が線を越えるとき

日本人はどんなところにも壁を築き、その中で行動するのを好む人々です。しかしそんな日本人が壁を越えることがときおりあります。そのもっとも代表的な例が、脱亜入欧です。脱亜入欧とは、アジアを抜け出してヨーロッパに入らなければならないという主張で、日本近代化の父、福沢諭吉の『脱亜論』にはじまる言葉です。朝鮮や清などのアジアの国々は未開だから一緒にいても何のメリットもないので、日本はアジアを抜け出しヨーロッパと一緒になるべきだ、というわけです。

実際に日本はヨーロッパの文物を取り入れてアジアで最初の近代化に成功した国家になりました。忠実にヨーロッパの後をついていった日本は、韓国、中国、東南アジアなどを侵略し、イギリス、フランスのような帝国を建設します。

長い間日本という領域の中で生きていくのになれていた日本人にとっては、自然に取り囲まれた島国という限界を乗り越える経験であったはずです。もちろん日本もヨーロッパ諸国と同様、植民地に関して良い思い出を残すことはできませんでした。

日本の脱亜入欧は、ドイツ、イタリアと世界を分割支配しようという妄想に発展し、結局は太平洋戦争を引き起こして敗戦という結末を迎えました。それでもヨーロッパ列強とともに世界を牛耳った記憶が強く刻み込まれたためなのか、「脱亜入欧」は日本の対外認識の重要な軸となってしまいます。

そのためでしょうか。日本の文化コンテンツを見ると、ヨーロッパ人が主人公である例が少なくありません。『キャンディキャンディ』、『ベルサイユのばら』などがそうです。ヨーロッパ人の容貌でヨーロッパ人の名前の主人公たちは、日本語で対話し驚くほど日本的な行動様式を見せます。これらはおそらく、日本人が投射しているみずからの姿であるようです。

要約すれば、脱亜入欧に代表される日本人の認識は、アジアは未開でヨーロッパは優れており、自分たちはアジアよりはヨーロッパに近い、というものです。このような認識がふくらんで奇妙な事件に発展したことがあります。『中国が世界をリードするとき』の著者、マーティン・ジェイクスによると、日本は1999年に実際にEUに加入したいという提案をしたというのです。

もちろん日本政府がEUに公式的に要請したのではなく、ある会議で出てきた発言だということですが、耳を疑うような主張と言わざるをえません。思わずEU（European Union）の意味を辞書で調べようとさえしたほどです。

日本が脱亜入欧の旗を掲げて近代化に邁進していた19世紀後半から、1世紀半という時間が過ぎましたが、アジアと日本の間に築かれた壁はいまもはっきりと存在しているようです。一時自分たちが見下していた韓国や中国が、これまでどのような変化を経て現在どのような位置にあるのか、敢えて目を逸らして見ようとしないでいるとでも言いましょうか。

このような日本の態度は、向こうに現実があるのに何とかそちらの方を見ないようにして、自分たちが想像していることを事実だと信じている人々を見ているように感じられます。そして、日本にはこれに類似した方式の文化が存在しています。

他でもない、コスプレです。コスプレというのはコスチューム＋プレイの日本式の略語です。アニメーションや映画の登場人物の衣裳や小物を用意して、それを身につけて指定された場所に集まり、写真を撮ったりして遊ぶ文化です。コスプレという用語からわかるとおり、この文化の発信地が日本であることは自他が認めている事実です。

現実では、あれほど明確に自分の領域と役割を区分する日本人が、意外にも現実と想像の壁を乗り越えるこのような文化を創り出すとは、驚くと同時に、実に興味深い現象です。

もちろん韓国にもコスプレが大好きという人々はいますが、日本のように一年に4000～5000件の行事が開かれるほどではありません。コスプレを通して充足される日本人の欲望に注目する必要があります。心理学者の平松隆円は、コスプレを通して人々は日常の自分からの開放感を味わっている、と分析しています。

日本は守らなければならない日常の規範がたくさんある社会です。個々人もまた、自分に与えられた役割と社会の視線を負担に感じざるをえません。もちろんこの点は韓国も同じです。社会の構成員としてまともに生きていこうとすれば、守らなければならない規則も多く、なさねばならないこともたくさんあるというのは、どの社会でも同じはずです。

異なる点は、そのようなストレスに対処する方式です。日本人は平素の自分ではない、別の気分を味わうためにコスプレという文化を創り出しました。しかしここに注意すべき部分があります。コスプレによって変身した自分は、現実の自分ではない、という点です。コスプレは、みながそうしようと約束した場所で、一時的に自分でないふりをする行為です。

それは、現実を直視したくないという欲求からはじまったものだと言えます。コスプレをする人々は、自分が想像した世界の中の人物として現実の世界にあらわれますが、それは実際に存在しているわけではないからです。会場を一歩でも出れば、頭がおかしくなったのではないか、と言われるのが落ちです。

もっと大きな問題は、現実の自分です。現実を回避することでは、現実の問題を解決することはできません。現実の人間ときちんとした関係を築くのが難しいのはもちろんです。この人々に必要なことは、想像の中から出て現実と向き合うことです。コスプレをする個々人がこうだというのではなく、現実を回避しようという試みが及ぼしうる影響について述べているということをもう一度強調しておきます。

コスプレをしながら幻想の中の主人公になった自分を感じるように、脱亜入欧という荒唐無稽なスローガンを通して自分たちはアジアではなくヨーロッパなのだという幻想におちいっている日本人がいます。その中には、国家の運営に重要な影響を及ぼす地位にいる人もいます。

彼らは自分たちの想像の中でヨーロッパ人になり、韓国、中国などはいまだに未開で相手に値しない連中だと考え、甘い優越感にひたっているようです。19世紀末のヨーロッパ列強がそうしたように、未開な隣人を見下し、自分たちの命令に従うことを要求しています。

しかしそれは現実ではありません。自分だけの想像の世界から出て、世の中を直視し、問題があれば問題を解決し関係がうまくいかない隣人がいれば関係を改善する現実的な努力を見せる姿勢が、彼らに必要なのではないでしょうか。

ポケットモンスターに見る日本の友だちの概念

ポケットモンスターは、最近もっとも人気のある日本の文化コンテンツです。ポケットから取り出したボールの形をしたカプセル(モンスターボール)からさまざまなモンスターが飛び出すこのアニメーションは、1997年にはじめてTV放送されて以来、世界的な文化現象として定着しています。

韓国でも、アニメーションの人気はもちろん、ショッピングモールのオモチャ売り場に数年前からポケットモンスターコーナーが確固とした位置を占めて子供たちの視線を惹きつけています。数年前には、『ポケモンGO』というARを組み合わせたモバイルゲームが、おとなも子供も含めて、世界的な旋風を巻き起こしました。

ポケモンが出現するスポットの周辺におびただしい人が集まり、みながスマホをその方向に向けるという珍風景が繰り広げられ、ポケモンをつかまえようとして何かにつまずいたりぶつかったりというような事故が多発したと記憶しています。当時五歳であったわたしの次男坊が、ポケモンをつかまえるのだといって海に飛び込もうとするのを必死になっておさえたことをいまでもはっきり覚えています。

この文を書いているいまも、わたしの家にはフシギダネ、ゼニガメ、イーブイなどのポケモン人形とポケットボールが転がり回っているありさまで、子供たちは忘れた頃になると500ウォンで何枚か入っているポケモンカードを買ってきたりしています。

いまやアニメーションはもちろん、フィギュア、人形、ゲームなどの関連商品の販売収益だけでも断然世界第1位をひた走っているこの稀代の文化コンテンツを通して、日本人の友だちについての考えを探っていこうと思います。

ポケットモンスターの物語の構造は簡単です。主人公はあちこちに棲息しているモンスターを収集してモンスターボールに入れて歩き、敵（?）に出会うと自分のモンスターを出現させて戦わせます。

児童青少年用のアニメーションらしく、明るくてきれいな絵で描かれたかわいらしくちょっとおませなキャラクターが登場しますが、ポケットモンスターの内容は、敵を倒せばより強い敵があらわれ、より強い敵を倒すためにもっと強くなるよう努力するという、典型的な日本式のストーリーラインに従っています。

これに追加されるのが、ポケモンたちです。ポケットモンスターでは、主人公が直接戦うのではなく、主人公が収集したポケモンが代わりに戦います。ポケモンたちはこの世界のあちこちに棲息しています。

コイキングのように何の力もないことで有名なモンスターから、アルセウスのように創造主クラスのモンスターまで多様なポケモンが登場します。ポケモンたちは自由に暮らしているのですが、ある日突然捕獲され、モンスターボールに閉じこめられてしまいます。彼らと持ち主との関係は友だちと規定されています。

つかまえるのにちょっと苦労するような奴もいないわけではありませんが、一度モンスターボールの中に入ると、基本的には主人の命令に逆らうようなことはありません。いつでもモンスターボールを投げると、飛び出してきてはじめてお目にかかる敵と戦います。力及ばず倒れても、決して引き下がったりはしません。戦いに敗れると、主人はしばらくは慰めたりもしますが、すぐに「もっと強くなろう」と言ってポケモンを励まします。いつでも近く（ポケットの中）にいて、主人が望むときに出てきて主人の代わりに戦う、というのがポケモンのなしていることのすべてです。

少し単純化している面もないわけではないですが、このような「友だち関係」は他の日本コンテンツでも見つけることができます。海賊王を目指すルフィの物語『ＯＮＥ ＰＩＥＣＥ』で、ルフィは世界各地をまわりながら友だちを集めていきます。

彼らはそれぞれの事情を持って生きているのですが、「おまえ、おれの友だちになれ」という一方的なルフィの要求に折れて結局友だちになり、その瞬間からたとえ天がふたつに割れようとも変わることのない友情を保ち続けます。もちろん友だちを心の底から理解するルフィというキャラクターの力も無視できませんが。

友だちは、友だちが危険にさらされると自分の命を省みることなく助けに向かいます。いつもは楽しそうに笑い、お互いが喜ぶ話をします。小さな喧嘩や葛藤があっても、誰かがあらわれて原論的かつ美しい表現で友情の大切さを説得します。

特にスーパー戦隊シリーズでよく見られる日本のこのような友だち概念は「仲間意識」とも呼ばれています。仲間は、日本人を理解する重要な概念のひとつです。

文化人類学者の米山俊直によれば、仲間というのは一種の職業的共同体、あるいは集団を意味し、仲間意識とは彼らが有している同僚意識のことです。仲間は仲間意識を通して集団を結束させ、集団の利益を共有し、他集団に対しては排他的な性格を持つようになります。

仲間には仲間を維持するための規則があり、これに違反したり集団に対して非協力的な者には容赦のない膺懲《ようちょう》がくだされます。ヤクザ映画などでよく見る光景です。

仲間は日本人に心理的安定感を提供する基本的な集団です。自分と類似した社会的地位と役割の者たちで構成された仲間の存在は、日常的に役割の葛藤に苦しめられている日本人の自我を支えてくれます。

したがって、日本人は仲間の規範に背かないように注意し、仲間の許容範囲からはずれるようなことは絶対に避けようとします。仲間の内部では常に和気藹々《あいあい》とした雰囲気を保ち、仲間を思いやる姿を見せ続けなければならないのです。自らの役割に悩んでいる青少年が、同年代の集団の規範からはずれないようにするのと似た現象だと言えるでしょう。

一方、このような仲間意識の弊害を指摘する学者もいます。社会学者の土居隆義は、日本の若者世代はいわゆる「友だち地獄」におちいっていると言っています。友だち、つまり仲間から無視されるのではないかという怖れのために、表面的に仲が良いように見える関係を維持するのにエネルギーを費やし、結局それが彼らの生をすり減らしている、というのです。

社会学者の宮台真司は、日本の若者世代は「島宇宙」に住んでいると表現しています。自分と重要な関係にある仲間に過度に没入し、他の集団とは断絶した、自分たちだけの世界を構築している、というのです。他人との断絶、そして集団内で発生しうる葛藤の回避が、仲間によって構成されている日本の友だち関係の問題点です。

韓国でも「チング」＝「友だち」との友情は非常に重要なものとして描かれています。チングは、いつでも自分の味方になってくれ、そばにいてくれる、考えただけでも心が落ち着く存在です。しかし韓国の文化コンテンツに登場するチングは、理想的で望ましい言動だけをやりとりしているわけではありません。

『友へ　チング』『サニー　永遠の仲間たち』『応答せよ』シリーズなどで見ることのできるチングたちは、いつも喧嘩と和解を繰り返しています。仲良くしているときもありますが、つまらない誤解や主導権争い、異性をめぐる三角関係などさまざまな葛藤が続けてあらわれてきます。

韓国人にとっての友情は、そういう誤解と反目、葛藤と嫉妬の中で強くなっていく関係を意味します。チングだからという理由で仲良くしなければならないというような考えは、子供たちが観る『ポンポン ポロロ』でさえ見つけることはできません。

次に掲げるのは『ポンポン ポロロ』のテーマソングの一節です。御存知の方は一緒に歌ってください。

みかけも違うし、性格も違うけど、ぼくたちはチングだ
喧嘩もするし、仲違いもするけど
いつも助け合い、いつも分かり合うぼくたちはチングだ、仲のいいチングだ

もう少し成長した子供が観る『ハロージャドゥ』や『黒いゴム靴』でも、チングの間の非常に深刻な葛藤が描写されています。ときには激しい罵倒でチングを傷つけ、殴り合いの末お互いが鼻血を流したりもします。そういう葛藤の描写が激しすぎて「教育上よろしくない」と抗議する保護者が出てきたりもします。

韓国人にとってのチングはそんなものです。気に入らないときもあり、気分が悪くなる

ような振る舞いを目にすることもあります。誤解かもしれないし、性格のせいかもしれません。それでもチングとは、誤解を解き、過ちを謝罪し、理解してくれないなら文句をつけ、足りないところを教えながら過ごしていきます。それでも問題が解決しないときは、一杯飲んで（おとなになってから）仲直りし、それがだめなら拳にものを言わせて解決します。

チングに対するこのような考え方の違いは、仲間とチングの概念の差にはじまるように思えます。日本の仲間は、職業および階層共同体からはじまる概念なので、多少公的な性格が強く、仲間内での義務などが強調されますが、韓国のチングは「つき合いの長い親しい人」という語源にあらわれているように、歴史性がその特徴です。

その歴史の中には、数多くの誤解と反目、葛藤と和解の記憶が共有されています。そのすべての過程を共に過ごした仲がチングであるだけに、チングの間では過度の礼儀やおべっかなどは必要ありません。「気のおけない仲」という言葉が、チングの関係をもっともよく表現していると言えます。韓国人にとってチングは、緊張し疲れた日常で、安心してくつろぐことのできる存在を意味しています。

『友だち地獄』の著者、土居隆義は、仲間内での円満な関係だけを追求する日本の若者に必要なのは、直面の勇気だと言っています。葛藤を回避し、他人の苦痛と傷から目を逸らしていては、他人との真の関係を築くのは不可能です。人間にとって、他人との関係がないままの生はありえません。

長い時間、多くの日々をともに過ごしてきたふたつの国が本当の友だちになるためには、他の国の人々は友だちをどのようなものとして考えているのかを理解する必要があるように思えます。

コラム④ 文化を読み解く踏み石

文化の研究に無意識が重要な理由

文化と文化からはじまる人間の行動を研究するとき、無意識は非常に重要なテーマです。人間の行動は、意識の水準でだけ行われるものではないからです。ある行動をした人にその理由を問えば、何らかのこたえが返ってくるでしょうが、それが真実であるとは限らないのです。

文化には、表面にあらわれた現時的機能と、その文化の構成員でさえ認識するのが難しい潜在的機能があります。たとえば、雨乞いの儀式の現時的機能は「雨が降るようにするため」ですが、潜在的機能は「不安の解消と集団の結束力の強化」なのです。

ほとんどの文化現象に対する人々のこたえは、現時的理由となりがちです。人々は、なぜとは分からないまま昔からしてきたことをしながら生きているためです。文化の潜在的機能は、長い時間のあいだ、人々が与えてきた意味と手続きによって埋もれてしまっているのです。

したがって文化的現象の真の意味を理解するためには、自己報告式の設問紙やインタビュー以上の方法が必要となってきます。表面にはあらわれてこない行動の理由についての心理学理論としてもっとも代表的なものは、ジークムント・フロイトの精神力動理論です。無意識の存在と、無意識が生成される理由、そしてそれが人間の行動に及ぼす影響についての理論です。

しかし精神力動理論と無意識は心理学で徹底的に無視されてきました。主として「非科学的だ」という理由からです。存在するのかどうか当事者でさえ分からない無意識という存在を、科学的な方法で研究するのは不可能です。もちろん無意識が生成される理由と、無意識が人間の行動に及ぼす影響も、科学的に検証することはできません。

そのため長い間無意識は心理学の研究領域の外に疎外されてきました。精神力動理論と無意識に根拠を置くフロイトやエリクソンの発達理論が、大部分の心理学概論で重く扱われているのは、むしろアイロニーだと言えます。

しかし文化心理学が浮上し、心理学の過度な実験中心のパラダイムに異議が提起されました。実験による説明（explanation）だけが心についての唯一のアプローチではなく、現象に対する解釈（interpretation）がその代案として提示されたのです。それによって無意識は文化の研究のいまひとつの重要なテーマとして浮かび上がってきました。

ここで、わたしが参照してきた文化心理学の無意識理論がどこからきたのかを紹介していこうと思います。わたしが書いてきた文の主張に根拠があることを確認すると同時に、これから文化心理学の領域が広がっていくことを願いながら。

フロイトの精神力動理論から無意識についての理論がはじまったと言えますが、人間に影響を与える無意識的遺産があることを指摘した人は、心理学の父と呼ばれているヴィルヘルム・ヴントです。心理学の実験室を作ったという理由で、科学的心理学の父になられた方で、『民族心理学』という力作を残しています。

ヴントの民族心理学は、実験によって明らかにすることができない人間の高等精神過程を理解するためには、彼らが生きてきた歴史と文化を理解しなければならないと主張しています。文化はある人々が長い間生きてきながら作り上げてきた脈絡（context）であり、その脈絡の中での人間の行動を理解するためには、彼らが共有してきた歴史、神話、伝説、民話などの文化的遺産を理解することが絶対に必要だ、というのです。

ヴントのこのような考えはカール・ユングに引き継がれます。性的欲求を中心とする個人的な無意識を強調したフロイトに比べ、ユングは集団に共有される「集団的無意識」を強調しています。集団的無意識を形成するのは、ヴントが『民族心理学』で言及した神話、伝説、民話などです。

ユングの集団的無意識は、はるか昔の先祖から受け継がれてきた知識と感情です。このような集団的無意識は、夢や古い象徴を通して知ることができますが、このようなイメージや象徴を原形（archetype）と言います。ユングはこの他に、理性や意識に対比される影（shadow）、男性の無意識的女性性（anima）、女性の無意識的男性性（animus）などの概念を創案し、人間の心を深く探究する枠を提供してきました。

集団としての群衆の行動についての研究は、ギュスターヴ・ル・ボンからはじまりました。フランス大革命以後の混乱期を対象として、群衆の動機についての研究『群衆心理』を残しています。群衆を理解するためには、群衆の欲求、とりわけ無意識の欲求を理解することが重要だ、と述べています。

ル・ボンの立場は、現代のモスコヴィッシに受け継がれます。ルーマニア出身でフランスの社会心理学者であるモスコヴィッシは、実験を中心とした現代社会心理学に、精神力動理論、人類学、社会学的な観点を導入し、人間の社会的行動についての幅広い説明を試みました。

特にモスコヴィッシの社会的表象理論（social representation theory）は、わたしが文化の研究に主たる方法論として借用しているものです。人間に共有されたイメージ、行動様式、思考方式などを社会的表象と言いますが、多様な資料を通して社会的表象を抽出しその裏面にある心理を分析する方法だとまとめることができます。

事情をあまりよく知らない人たちは、無意識と精神力動理論が非科学的だと批判しますが、それこそ無知からくる批判です。精神力動理論が主として批判を受ける部分は検証が不可能だという点ですが、理論の妥当性と検証可能性は別の問題です。

実験を通して人間関係についての実証的な証拠を提示することはできませんが、現象に対する意味のある解釈はいくらでも可能です。そして実証科学と解釈科学は、どちらが優れていてどちらが劣っているというのではなく、複雑にからみ合った人間の行為を説明するためにふたつとも必要なものなのです。

精神力動理論の核心だけを述べるとしたら、それは欲望についての理論だということです。人間は欲望を持った存在であり、その欲望を充足させるために生きていきます。現実の中で充足できない欲望は無意識の中に抑圧され、抑圧された欲望は自分でも意識しない間に自分を動かす原因になります。

文化は欲求と欲求充足の体系です。人類学者のマリノフスキーの主張であり、文化心理学者としてわたしが採択している文化に対する定義です。マリノフスキーはトロブリアンド諸島での観察を通して、エディプス・コンプレックスが社会化の過程であらわれる訓育者に対する態度と関連があることを明らかにしました。マリノフスキーの心理機能主義は心理人類学に受け継がれ、文化心理学のひとつの軸になっていきます。

忙しい方のために3行で要約しましょう。

1. 無意識は人間の欲求充足の過程であらわれる。
2. 文化は欲求充足の体系である。
3. したがって文化的現象の中には無意識に関連するものもある（多い）。

エピローグ

鐘の国vs刀の国

これまでさまざまな文化現象をもとに、韓国と日本、ふたつの国の人々の心理を構成してきました。これをどのように要約することができるでしょうか。

人類学者のルース・ベネディクトは早くから日本の文化を『菊と刀』というふたつの単語に縮約しました。これについて多くの人々が、日本は「前に菊を差し出しているが、後には刀を隠している」という程度に受け取っていますが、このような解釈は非常に皮相的だと言わなければなりません。

もちろん両面性は日本文化の重要な特質です。しかし『菊と刀』の象徴性はそれだけではありません。「科学者」たちは象徴のような解釈の体系を笑うべきものと見るような傾向がありますが、それもまた非常に笑うべきことです。科学者自身も、自分の研究結果を絶え間なく解釈していますが、そこには本人の主観、観点、知識などが反映せざるをえないという事実をみずから気付いていない、という意味です。

文化心理のもっとも基本的な土台となっているのは、該当文化の中での人々の認識論、つまり「知ること」についての理解です。認識論（epistemology）とは「知っているということは何なのか」「どのように知ることができるのか」「知った後何をしなければならないのか」などの質問にこたえる哲学の分野です。

「知ること」をどのように規定するのかは非常に重要な問題です。知ることについての認識から、該当文化の人々の世界に対する認識、つまり世界観が出てくるからです。世界観からは人間に対する理解である人間観が、人間観からは自分に対する考えである自己観と、対人関係に対する考え、それによる行為様式などが次々と派生してきます。したがって知ることに対する考え、認識論が心の理解のもっとも重要な部分ということになります。

第3章の末尾で述べたように、日本人の知ることに対する考えは、「分かる」という単語から推測できます。「分」という文字が入っています。日本人にとって、分かるということと何かを「分割する」こととの間には密接な関係があるという意味です。

この他にも日本語には、「刀」や、「剣」、あるいは刀で斬るという意味の「切」や「斬」という文字が入った表現がたくさんあります。いくつか例をあげましょう。横から手伝ってくれること、または助力者を「助太刀」と言います。太刀で助けるという意味です。「裏切り」は背信の意ですが、後から刀で斬ることを意味しています。

すっきりとした気分や優れた手並みを「切れ味」と言ったり、原稿などの提出期限を「締切」と言うなど、わたしは日本語専攻ではないのであまりよく知らないのですが、非常に多いと聞いています。韓国でもよく使われる「真剣勝負」も、日本文化から来た表現です。

このように日本人は刀で突き、斬り、切断することで、自分を理解し、関係を結び、世界を構築します。刀は何かを切断し、分割することによって、わたしがそれをわかるようにしてくれる「認識の道具」なのです。

刀が持っているもうひとつの意味は「強さ」の象徴です。日本文化において強さが持つ意味については幾度か言及してきました。自分に与えられた義務を果たすため、あるいは自分が持っている大切なものを守るために、日本人には強くなければならない必要性があります。しかし素手の日本人は、いくつかの心理的脆弱性を持っています。

日本文化の特性のせいで日本人はある程度の時期まで人生のベースキャンプの役割をしてくれなければならない両親との関係や、乳児期の経験からはじまる自尊感、人生で経験するさまざまな否定的感情を管理しなければならない能力などの問題を内包しているように見えます。

刀はこのような脆弱性を克服し、自分を強くしてくれます。どんなに小さく、力が弱くても、刀を持っていれば話は違います。刀を持った人を無視できる人はいません。不足する自尊感を満たしてくれ、他の人の前で大丈夫と言えるようにしてくれるもの、日本が「刀の文化」であるふたつめの理由がここにあります。

さらに刀を持つ人は武士、つまり侍です。侍は名誉を重視し、主君の命令に従う人です。

常に戦場に向かう武士の心で臨み、名誉を守れないときは深く恥じ、そのため恥をかく可能性を避けるためにときに責任を回避するということまで、日本人の行動様式はここからはじまります。

刀がもたらすさまざまな側面の機能のため、長い歴史の中で大多数の日本人は侍ではなかったにもかかわらず、刀は日本文化をもっとも本質的に象徴する対象になりえたのです。韓国にも刀はあります。しかし韓国は刀の文化ではありません。よく、日本を刀を持った侍の文化、韓国を筆をもったソンビ（朝鮮時代の士、学徳のある人）の文化と言ったりします。侍とソンビは、ふたつの国の支配階級でした。彼らが使っていた主たる道具である刀と筆は、正確に同じ比較次元の対象であるだけに、このような比喩もかなりの部分妥当だと思われます。

刀を持った日本の侍のように、朝鮮のソンビは筆で自分を規定し、自分が生きていくべき世の中を定義しました。ときには柔らかい筆で、刀に劣らぬ凄惨な血の雨を降らせました。ペン（筆）は剣よりも強し、という言葉は伊達にあるのではありません。

筆が鉛筆にかわり、鉛筆がボールペンにかわり、ボールペンがキーボードにかわった現在、ソンビの後裔である韓国人が今日もキーボード・バトルに余念がないのを目にすると、筆が韓国を象徴するという表現もなかなかいいのではないかと思われます。

しかしわたしは、韓国文化をもっともよくあらわしてくれる象徴物として、「鐘」を取り上げたいと思います。『「縮み」志向の日本人』で李御寧先生も同じようなことをおっしゃっていました。日本人が鉄で、この世でもっとも鋭い刀を作ったとすれば、韓国人はこの世でもっとも遠くまで響きわたる鐘を作った、という話です。

この差は何なのでしょうか。

鐘は仏教の四物のひとつです。ある程度の規模の寺にいけば、法鼓《ほっく》、雲版《うんぱん》、木魚、梵《ぼん》鐘《しょう》をみな見ることができます。法鼓は地に住む四足動物を、木魚は水の中に住む生物を、雲版は空を飛ぶ生物を救うために鳴らす物です。梵鐘は四物の中で一番大切な物で、人間を含むすべての衆生を悟らせるために音を出します。梵鐘の音は地獄で苦しんでいる人々の耳にまで届くと言われています。

鐘は仏教が伝播された国ならどこにでもありますが、韓国の鐘はその中でも独自の位置を占めています。大きさ、鋳造技術、造形美などが他の文化の鐘と比較してもっとも優れていると評価されています。もっとも優れている点は、音です。

もっとも大きくもっとも遠くまで響く韓国の鐘の音の秘密は「うなり現象」にあります。互いに異なる周波数の音が重なり合って発生する現象で、その結果、鐘の音が大きくなったり小さくなったりを繰り返しながら水の波のように遠くまで伝わっていくのです。

世界でもっとも鋭くあらゆるものを斬る日本の刀と、世界でもっとも遠くまで響き万物を合わせる韓国の鐘の音、ここにふたつの国の文化のもっとも本質的な差異があらわれています。

前述しましたが、刀は日本人の認識の道具であり、自分を完全にしてくれる道具です。わたしは韓国の鐘も刀と正確に同じ役割をすると考えています。

鐘の音は世の万物を合わせるという属性を持っています。この「合わせる」＝「アウルダ」という言葉が「アルダ」＝「分かる」になったというのがわたしの見解です。何かが分かるというのは、それを自分の認識の範囲内に合わせるという意味に通じるからです。「ケダッタ」＝「覚《さと》る」もやはり「ケダ」＝「割る」＋「アウルダ」＝「合わせる」と理解することができます。これまでの認識の枠を破壊し、新しく合わせたということになります。このような推定は、科学的に証明することのできない性格のものです。しかしわたしがこのような主張をするのは、「アウルダ」という行為が韓国人の心性と非常に密接な関係があるからです。

韓国人は他人に影響力を及ぼす主体的存在（主体性自己）として自分を規定します。これは韓国文化のいくつかの特性、要約すれば寛大な養育態度とそこからはじまる自己愛的性向、非現実的なほど高い自己肯定感などと関連があると推定できます。

韓国人の性格を一言で要約すれば「インフルエンサー」、つまり他人に影響を与える人です。韓国人は誰かが自分を無視すると自尊心が傷つき、自分の心を分かってもらえないと火病《ファビョン》になります。現実の自分の姿と自分の考える姿とに差異があればひどく不快に思い、その差異を埋めようと必死に努力しますが、それができないとなれば虚勢を張ってでも自分の影響力を誇張します。韓国に声の大きな人が多いのも同じ脈絡ではないかと思います。

声の大きな人と、大きくて遠くまで響く鐘。だから鐘こそ、あらゆるものを自分の世界の中に合わせたいと思い、自分の影響力が周囲に広く及ぶのを望む韓国人をもっともよくあらわしている象徴になりうるのです。

では、韓国人ははたしていつからこのような人になったのでしょうか。最近の学者は、韓国人の自己主張が強く、誇示的消費など自己顕示的な行動をとる理由として、経済水準の向上と個人主義の発達などを指摘していますが、わたしの考えはちょっと違います。

まず世界でもっとも大きな鐘（聖徳《ソンドク》大王《テワン》の神鐘）を作ったのは少なくても統一新羅の時代であり、すでに檀君神話に「弘く人間に利をもたらす」（弘益《ホンイク》人間）という言葉が出てくるのを見ると、韓国人がこうなったのは思っているよりずっと昔のことだった可能性がある、と思っています。

ハン・ミン　文化心理学者。

高麗大学心理学科卒業後、同大学院にて心理学博士課程取得。米クラーク大学のヤーン・ヴァルジナー教授の研究室でポストドクターを過ごし、忠北大学、淑明女子大学、又松大学を経て、現在、亜州大学で心理学と文化心理学の教鞭をとる。主な著書に『スーパーマンはなぜアメリカへ行ったのか』『おじさん心理学』などがある。カカオブランチとネイバーバンド「ハン先生の文化心理学」、YouTubeチャンネル「五分心理学」で若者に文化と心の話を伝えている。

線を越える韓国人 線を引く日本人

二〇二三年三月三一日　第一刷発行

著者　ハン・ミン
翻訳　アンフィニジャパン・プロジェクト
発行者　大山邦興
発行所　株式会社 飛鳥新社
〒一〇一-〇〇〇三
東京都千代田区一ツ橋二-四-三 光文恒産ビル
電話 〇三-三二六三-七七七〇（営業）
〇三-三二六三-七七七三（編集）
http://www.asukashinsha.co.jp

翻訳協力　渡辺麻土香
印刷・製本　中央精版印刷株式会社

ISBN 978-4-86410-919-2

編集担当　内田 威